REVUE
INTERNATIONALE
D'ÉDUCATION
SÈVRES

n° 50, avril 2009

CW01622496

D O S S I E R

en classe : pratiques pédagogiques et valeurs culturelles

sommaire

actualité internationale

coordination : Bernadette Plumelle

dossier

coordination : Anne-Marie Bardi, Maroussia Raveaud

En classe : pratiques pédagogiques et valeurs culturelles

Cet article réévalue le rôle de la parole en classe dans l'apprentissage, au-delà de son rôle d'outil d'enseignement. Il souligne en quoi la parole est structurée et contrainte par le cadre éducatif et culturel dans lequel elle se situe. Une étude comparative de l'éducation primaire dans cinq pays fait émerger différents modèles de relations humaines et de valeurs pédagogiques qui sous-tendent l'enseignement, la relation entre l'enseignant et

repères

actualité documentaire

Les 16-18 ans en France et en Europe
Ville-École-Intégration, n° 154, septembre 2008, 247 p.

133 000 jeunes sortent non qualifiés et non-diplômés par an du système éducatif français. Ils sont mineurs et devraient donc encore bénéficier d'une éducation et d'une formation appropriées. Cet « angle mort » de l'éducation est une préoccupation à l'échelle européenne. Quelles sont les stratégies à déployer pour lutter contre la marginalisation de ces jeunes ? Comment prévenir les échecs, comment intégrer et insérer des jeunes qu'ils soient jeunes primo arrivants, jeunes issus des quartiers ou plus généralement qu'ils rencontrent des interruptions dans leur parcours scolaire et éducatif? Organisé en deux parties, le numéro présente les politiques publiques en direction des adolescents mineurs avec un état des lieux et l'analyse de situations diverses selon les publics. Plusieurs points de vue d'Europe sont apportés dans la deuxième partie.

BARDI Anne-Marie coord.,
MALLET Françoise coord.
L'inspection générale à l'heure des changements : dossier
La Revue de l'inspection générale, n° 5, décembre 2008, 80 p.

Les inspections générales de l'Éducation nationale sont confrontées à des évolutions profondes. Les modalités d'action de l'État se modifient, le service public de l'éducation connaît également d'importantes mutations. Les usagers et les gouvernements s'inquiètent de la performance des services publics, alimentée par les nouvelles procédures budgétaires nationales, les analyses comparatives européennes ou les classements internationaux. En s'appuyant sur l'éclairage apporté par d'autres inspections à l'étranger, les auteurs de ce numéro réfléchissent à l'avenir des inspections générales et aux changements à apporter à leur rôle et à leurs fonctions.

BEDARD Denis ;
BECHARD Jean-Pierre
Innover dans l'enseignement supérieur
Presses universitaires de France/Paris, 2009, 272 p., (Apprendre)

L'innovation pédagogique vise l'amélioration des apprentissages des étudiants par une transformation des pratiques d'enseignement comme du parcours de formation proposé pour encadrer ces pratiques. L'ouvrage, résultat d'une recherche internationale, analyse les trois temps forts de l'innovation dans l'enseignement supérieur : sa conception, son implantation et sa révision. Construit à partir de l'état des lieux de recherches internationales issues de plusieurs domaines d'expertise, les auteurs examinent les facteurs de changement qui encouragent ou freinent les réformes des filières de formation tout au long de leur déploiement.

BLAIS Marie-Claude,
GAUCHET Marcel,
OTTAVI Dominique

Conditions de l'éducation

Stock/Paris, 2008, 264 p., (Les essais)

Dans la continuité de leurs travaux sur la philosophie politique de l'école, les auteurs proposent une réflexion sur ce qui pose problème aujourd'hui dans la transmission éducative. Toute une série de données qui servaient de socle à l'institution scolaire ont été ébranlées, voire sont en passe disparaître. Les auteurs mettent en lumière l'impact de ces transformations majeures et font ressortir le défi qu'elles représentent. L'analyse se développe sur quatre fronts : les relations de l'école avec la famille, le sens des savoirs qu'elle dispense, l'autorité dont elle a besoin et sa place dans la société.

BULLE Nathalie

L'école et son double : essai sur l'évolution pédagogique en France

Éditions Hermann/Paris, 2009, 324 p.

Pourquoi le processus de démocratisation des systèmes éducatifs occidentaux a-t-il justifié un recours de plus en plus important à la pensée pédagogique dite moderne et un discrédit progressif de l'enseignement des disciplines, de leurs méthodes et de leurs contenus ? L'auteure montre que ces transformations ont suivi une voie définie par ceux qui entretiennent, par leur culture en sciences humaines, des représentations de l'homme et de son développement héritées du XIXe siècle et fondées sur des bases fragiles ou fausses. Elle met au jour une série de croyances qui se sont constituées autour de l'école, de ses enseignements et ses méthodes, de ses succès comme de ses échecs.

DEMEUSE Marc dir.,
FRANDJI Daniel dir.,
GREGER David dir., *et al.*

Les politiques d'éducation prioritaire en Europe : conceptions, mises en œuvre, débats

INRP/Paris, 2008, 454 p., (Éducation, politiques, sociétés)

L'ouvrage présente les premiers résultats de l'étude *EuroPEP* développant une analyse comparative des politiques d'éducation prioritaire (PEP) dans huit pays européens : Angleterre, Belgique, France, Grèce, Portugal, République tchèque, Roumanie, Suède. Il met l'accent sur les évolutions qui ont affecté ces politiques scolaires depuis leurs premières formulations comme « politiques de compensation » à la fin des années soixante. Il étudie leurs contenus et modalités de mise en œuvre, confronte les débats et savoirs s'y rapportant. Enfin, il décrit et questionne leurs évolutions impliquant la désignation des publics bénéficiaires, l'organisation, les curriculums, l'action pédagogique et les finalités.

DERVIN Fred, WIBERG Matti,
MOREL Nathalie, *et al.*

Les systèmes éducatifs nordiques : un bilan nuancé

Nordiques, n° 16, 2008, 128 p.

Le dossier de ce numéro présente trois études de cas qui illustrent différents secteurs éducatifs des pays nordiques. Le premier article décrit le système universitaire finlandais caractérisé par une sélection systématique à l'entrée à l'université et un système de tutorat et de suivi pour lutter contre l'échec. La deuxième contribution s'intéresse au niveau préscolaire en Suède avec une mise en perspective historique des années trente à nos jours. Les derniers articles portent sur le système éducatif danois, l'enseignement des langues à l'école primaire et l'évolution des secteurs primaire et secondaire depuis les années soixante.

DUPRIEZ Vincent, DUMAY Xavier
L'efficacité dans l'enseignement : promesses et zones d'ombre
De Boeck Université/Bruxelles, 2009, 292 p.
(Pédagogies en développement)

Les systèmes scolaires sont interrogés et évalués au regard de leur efficacité, comme en témoigne l'importance croissante donnée aux résultats des enquêtes internationales. Les auteurs rendent compte des résultats de la recherche concernant l'efficacité des pratiques utilisées à l'école. Pourquoi les élèves apprennent-ils davantage dans certaines classes ? Les pratiques efficaces le sont-elles quels que soient les élèves ? Quelle est l'influence des autres élèves de la classe ou de l'école ? Y a-t-il des manières de gérer et diriger les écoles qui favorisent l'apprentissage des élèves ? Les auteurs proposent également des exemples d'indicateurs d'efficacité, ainsi qu'une analyse des dispositifs qui s'appuient sur l'évaluation de l'efficacité des pratiques scolaires pour les réguler.

ENDRIZZI Laure, REY Olivier
L'évaluation au cœur des apprentissages
Dossier d'actualité, novembre 2008, n° 39, 7 pages téléchargées du site de l'INRP http://www.inrp.fr/

Le dossier offre un panorama sur la question de l'évaluation des élèves en contexte scolaire à partir des publications françaises et internationales, en privilégiant la question de l'évaluation formative plutôt que l'évaluation des apprentissages. Les auteurs consacrent un développement particulier aux différents modes d'engagement de l'élève dans les processus d'évaluation : l'autoévaluation, la co-évaluation, le feedback des élèves et les modes d'évaluation de compétences transversales. La dernière partie du dossier examine les enjeux et usages du portfolio, en s'appuyant sur des expériences francophones et européennes.

FRANDJI Daniel dir.,
VITALE Philippe dir.
Actualité de Basil Bernstein : savoir, pédagogie et société
Presses universitaires de Rennes/Paris, 2008, 220 p.

L'ouvrage expose la théorie de la reproduction développée par le sociologue britannique à travers l'examen de la manière dont il traite des phénomènes éducatifs. Il a pour objectif de clarifier les contours de cette théorie, développée sur plus de quarante ans, qui porte sur la question de la transmission, de la distribution, de l'acquisition et de la transformation des savoirs. Les contributeurs issus de différents horizons géographiques, spécialistes en éducation, en sociologie et en épistémologie, confrontent cette théorie à leurs recherches sur des thèmes comme les contenus d'enseignement, les aspects langagiers, cognitifs et sociaux de l'éducation ou les transformations des politiques éducatives des dernières années.

FORSEY Martin ed.,
DAVIES Scott ed.,
WALFORD Geoffrey ed.
The globalisation of school choice?
Symposium Books/Oxford, 2008, 252 p., bibliogr. (Oxford studies in comparative education)

À l'heure de la mondialisation et de la logique de marché, on observe une généralisation du choix de l'établissement scolaire laissé aux parents. Cet ouvrage collectif croise le regard de spécialistes de l'éducation, d'anthropologues et de sociologues pour analyser la situation dans une dizaine de pays venant des cinq continents : Argentine, Australie, Angleterre, Canada, États-Unis, Chine, Inde, Japon, Singapour, Israël et Tanzanie. Malgré une tendance globale, la réalité du terrain est très hétérogène et s'interprète toujours à travers les contextes sociaux et historiques locaux.

GUNI : Global University Network for Innovation/Barcelone
Higher Education in the world -3-: New Challenges and Emerging Roles for Human and Social Development
Palgrave MacMillan/New York, 2008, 374 p.

Le troisième rapport du *Global University Network for Innovation* (GUNI) s'intéresse au rôle que doit jouer l'enseignement supérieur au service du développement social et humain dans le contexte de la mondialisation. Après le point de vue de plusieurs organismes internationaux, la première partie analyse les défis que doit relever l'enseignement supérieur en réfléchissant à l'objectif éducatif, aux curricula, au rôle de la recherche, à l'engagement civique et à aux réformes institutionnelles des établissements. La deuxième partie illustre ce rôle de l'enseignement supérieur à travers des exemples nationaux et régionaux.

JOLLIVET-BLANCHARD Chantal,
BLANCHARD Eric
Les chemins de l'école en Europe
L'Harmattan/Paris, 2008, 244 p.

L'ouvrage est écrit à partir de rencontres entre quinze enseignants, de différentes nationalités, issus des écoles européennes de Bruxelles au cycle primaire. Diverses méthodes utilisées par des enseignants européens sont décrites ; méthodes pour concevoir une « leçon », pour enseigner les mathématiques, la lecture, pour évaluer, pour éduquer les comportements et enfin pour établir une communication avec les parents d'élèves. Pour chaque question étudiée, les auteurs ont établi des passerelles entre les différentes manières de faire et mis au jour des constantes et des oppositions lorsqu'il y en avait.

MUSSELIN Christine
Les universitaires
La Découverte/Paris, 2008, 119 p.

Qui sont les universitaires et comment se caractérise le travail universitaire ? Quelles sont les modalités d'accès et de gestion des carrières académiques ? L'ouvrage propose une synthèse de travaux, notamment étrangers, sur ce groupe professionnel. Il s'appuie sur des données empiriques de trois pays, l'Allemagne, la France et les États-Unis, qui représentent chacun une des trois grandes traditions universitaires qui ont marqué les XIXe et XXe siècles. L'étude, enfin, identifie et analyse les transformations auxquelles sont confrontés aujourd'hui les universitaires dans les pays développés.

Publications d'organisations européennes et internationales

CERI : Centre pour la recherche et l'innovation dans l'enseignement
L'enseignement supérieur à l'horizon 2030 (volume 1) : démographie
OCDE/Paris, 2008, 326 p.

Au Japon et en Corée, les effectifs étudiants de l'enseignement supérieur ont commencé à baisser alors qu'ils devraient connaître une forte croissance en Turquie ou au Mexique. Comment les pays réagissent-ils? Quels sont les opportunités et les défis qu'apportent ces changements? L'ouvrage analyse de manière prospective l'impact des changements démographiques sur l'enseignement supérieur qualitativement et quantitativement. Il examine entre autres les conséquences sur les effectifs étudiants, sur les niveaux d'éducation, sur le personnel enseignant et sur les choix politiques. Il s'intéresse aux politiques d'accès à l'enseignement supérieur et examine les cas des étudiants handicapés et des migrants. L'analyse couvre la plupart des pays de l'OCDE et est illustrée par les exemples spécifiques de la Corée, de la France, des États-Unis et du Japon.

EURYDICE : Réseau d'information sur l'éducation en Europe/Bruxelles
Chiffres clés de l'enseignement des langues à l'école en Europe : Édition 2008
Eurydice/Bruxelles, 2008, 134 p. (Chiffres clés)

Cette deuxième édition offre un ensemble d'informations sur l'organisation de l'enseignement des langues dans les écoles européennes (31 pays). L'analyse des 44 indicateurs est organisée en cinq chapitres: contexte, organisation, participation, enseignants et processus pédagogiques. Différents aspects de l'enseignement des langues sont abordés: l'apprentissage des langues étrangères dès le plus jeune âge, la diversité des langues enseignées, la proportion d'apprenants en langue à chaque niveau, l'enseignement d'une matière intégré à une langue étrangère (EMILE) et la formation des enseignants de langues étrangères.

GIORDANO Elizabeth Allen
Regroupements scolaires et centres de ressources pédagogiques
IIEP/Paris, 2008, 182 p. (Principes de la planification de l'éducation)

En Amérique latine dans les années soixante, des écoles constituées en réseau se sont développées le plus souvent autour d'une école centrale, plus grande et mieux équipée afin de mutualiser les infrastructures (bibliothèques, matériel didactique...), les compétences et les expériences. Depuis, le modèle a essaimé sous diverses appellations dans les zones urbaines et rurales, en Amérique latine, en Asie, en Afrique et même dans les pays industrialisés. Dans plusieurs pays, les regroupements scolaires se sont vu adjoindre des centres de ressources pédagogiques proposant aux enseignants soutien, formation et outils pédagogiques. L'ouvrage examine les objectifs, l'organisation, le fonctionnement et les résultats des regroupements scolaires et des centres de ressources.

OCDE : Organisation de coopération et de développement économiques/Paris

Les grandes mutations qui transforment l'éducation - édition 2008

OCDE/Paris, 2008, 86 p.

L'ouvrage a pour but d'aider les acteurs du domaine de l'éducation à réfléchir sur ces développements à en matière d'éducation autour de neuf grandes thématiques : le vieillissement des sociétés de l'OCDE, les grands défis mondiaux, le nouveau visage de l'économie mondiale, l'évolution du monde du travail et de l'emploi, la société de l'apprentissage, les TIC, les citoyens et l'État, les liens et les valeurs sociales, la prospérité. Les auteurs distinguent 26 grandes tendances regroupées selon les thématiques. Chaque tendance est présentée sur une double page comprenant une brève introduction, deux graphiques accompagnés d'un texte explicatif, et trois questions clés sur les effets de la tendance sur l'avenir de l'éducation.

UNESCO : Organisation des Nations-Unies pour l'éducation, la science et la culture

Rapport mondial de suivi sur l'éducation pour tous 2009 - Vaincre l'inégalité : l'importance de la gouvernance

Unesco/Paris, 2009, 505 p.

Malgré beaucoup de progrès depuis 2000, des millions d'enfants, de jeunes et d'adultes n'ont toujours pas accès à une éducation de bonne qualité. La septième édition de ce rapport dénonce la persistance de nombreuses inégalités. Avec 75 millions d'enfants non scolarisés dans le monde et sur la base des tendances actuelles, l'enseignement primaire universel ne sera pas réalisé à l'échéance de 2015, échéance fixée par la majorité des pays du monde. Le rapport présente quelques-unes des réformes des politiques publiques et de la gouvernance susceptibles de rompre le cycle du désavantage, d'élargir l'accès, d'améliorer la qualité et de renforcer la participation et la responsabilisation. ■

Bernadette Plumelle
février 2009

ressources en ligne

Une sélection de ressources en ligne sur l'éducation en Afrique subsaharienne

L'article s'inscrit dans la continuité des ressources en ligne consacrées à l'éducation par zone géographique, après l'Amérique latine et les Caraïbes (n° 45, septembre 2007) et l'Asie (n° 48, septembre 2008). Nous avons sélectionné des organismes internationaux et régionaux intervenant dans le domaine éducatif en Afrique, des institutions financières, un organisme de recherche et des sites sur l'intégration des TIC en Afrique.

Sitographie arrêtée le 23 février 2009.

Organismes

Organismes internationaux

Institut international de planification de l'éducation (IIPE)

Centre de formation et de recherche de l'Unesco spécialisé en planification et gestion de l'éducation, l'IIPE a pour objectif d'aider les pays à développer leurs systèmes éducatifs. Son site (en français, anglais et espagnol) donne accès à la liste des projets menés en Afrique en 2006-2007, où l'institut est particulièrement actif, et à ses publications. Planipolis, portail des plans et politiques d'éducation des États membres de l'IIPE, met en ligne des documents (politiques nationales d'éducation, plans nationaux d'éducation dont ceux pour l'éducation pour tous (EPT), rapports sur les Objectifs pour le millénaire du développement - OMD) émanant de sources officielles. La recherche s'effectue par zone géographique, mot clé et type de document.

www.iiep.unesco.org/fr.html

Bureau international d'éducation (BIE)

Centre de l'Unesco spécialisé dans le développement des contenus éducatifs, le BIE met en ligne (en anglais, français, espagnol, russe, arabe et chinois) des informations sur les systèmes éducatifs et les curricula, les programmes, projets et activités en cours ; des ressources (rapports nationaux, dossiers par pays) ; ses bases de données ; ses publications. La rubrique « Dossiers pays » (entrée par région ou par pays) propose des données sur les systèmes d'enseignement, les curricula et une sélection de liens vers des sources officielles d'information sur l'éducation.

www.ibe.unesco.org/fr/dans-le-monde/afrique.html

Organismes régionaux

Bureau régional de l'UNESCO pour l'Afrique (BREDA)

Représentant l'UNESCO auprès de six pays (Cap Vert, Gambie, Guinée-Bissau, Liberia, Sénégal, Sierra Leone), le BREDA est chargé de planifier l'éducation en Afrique subsaharienne et de coordonner la mise en œuvre des programmes éducatifs régionaux. Son intervention couvre l'éducation de base, l'enseignement secondaire et technique, l'enseignement supérieur, les politiques éducatives et l'éducation préventive : des documents sur ces thématiques sont en ligne (en français, anglais, portugais).

www.dakar.unesco.org/

Pôle de Dakar

Le Pôle de Dakar (BREDA) développe une expertise en analyse sectorielle de l'éducation au service des pays africains et de leurs partenaires, de l'élaboration à la mise en œuvre des politiques éducatives. Ses publications – rapports de synthèse régionaux, rapports d'état d'un système éducatif national (RESEN), notes pays et thématiques – sont en ligne (français, anglais). Ainsi que ses contributions à l'EPT, à l'initiative *Fast Track* (mise en œuvre accélérée de l'EPT) et à l'amélioration de la gestion de l'éducation en Afrique. Une entrée par pays donne accès à plusieurs types d'indicateurs (financiers, EPT, cycle primaire). **www.poledakar.org/**

Association pour le développement de l'éducation en Afrique (ADEA)

Plateforme d'échange sur les politiques éducatives en Afrique mais aussi réseau de décideurs, de praticiens et de chercheurs, l'ADEA se veut un appui aux pays engagés dans la réforme de leurs systèmes éducatifs. L'un de ses objectifs est de renforcer les liens entre les ministères africains de l'éducation et de la formation et les organismes de coopération et de développement. Elle vise aussi à développer les capacités institutionnelles et techniques africaines en établissant des réseaux d'échange d'informations. Ses programmes et activités (biennales, publications, bases de données, études de cas) sont en ligne (français, anglais). **www.adeanet.org/**

Association des universités africaines (AAU)

Forum de consultation, d'échange et de coopération entre les institutions d'enseignement supérieur en Afrique, l'AUU (45 pays) a pour mission d'améliorer la qualité de l'enseignement supérieur en soutenant notamment la formation de réseaux d'enseignement, de recherche et de diffusion d'informations par les institutions de l'enseignement supérieur. Elle représente la voix de l'enseignement supérieur en Afrique au niveau des organes régionaux et internationaux. Ses publications et rapports annuels sont en ligne (français, anglais). **www.aau.org/**

Programmes

Le Nouveau partenariat pour le développement de l'Afrique (NEPAD)

Programme de l'Union africaine adopté par les chefs d'États et de gouvernements africains, le NEPAD veut contribuer à la renaissance de l'Afrique en luttant contre la pauvreté et le sous-développement. En éducation, l'un de ses secteurs d'activités prioritaire, il a pour but de collaborer avec les bailleurs de fonds et les institutions multilatérales pour réaliser l'objectif d'éducation primaire universelle d'ici l'an 2015 ; d'améliorer la qualité de l'enseignement, de l'élaboration et de la réforme des programmes ; d'élargir l'accès à l'enseignement secondaire et aux nouvelles technologies ; de favoriser la mise en place de réseaux de recherche pour l'enseignement supérieur. Ses plans d'action et projets sont en ligne (en français et en anglais). **www.nepad.org/**

Conférence des ministres de l'éducation ayant le français en partage (Confemen)

Institution de la francophonie, la Confemen (41 États et gouvernements membres, dont de nombreux africains) œuvre pour la promotion de l'éducation et de la formation professionnelle et technique. Le Programme d'analyse des systèmes éducatifs des États et gouvernements membres (PASEC) a pour objet d'évaluer les systèmes éducatifs pour améliorer l'accès à une éducation de qualité pour tous. Les rapports et documents du PASEC sont en ligne. **www.confemen.org**

Institutions financières

Banque mondiale

Organisme international, la Banque mondiale apporte un appui financier et technique aux pays en développement. Elle soutient de nombreux projets, notamment en éducation. Pour la troisième année consécutive, l'Afrique est sa région d'intervention prioritaire. Son site (en français, anglais et espagnol) présente les projets et programmes de développement qu'elle soutient, ses publications (rapports régionaux ou nationaux) ainsi que des données statistiques. La rubrique « Profils pays » donne accès à des données éducatives par pays (synthèses, indicateurs internationaux, statistiques) et permet de connaître les activités de la Banque mondiale dans une région ou un pays (projets/programmes, publications, rapports). **www.banquemondiale.org/**

Groupe de la Banque africaine de développement (BAD)

La BAD est une banque de développement régionale et multilatérale dont le principal objectif est de promouvoir une croissance économique durable et de réduire la pauvreté en Afrique. Elle finance un large éventail de projets et programmes nationaux et multinationaux, dont certains axes concernent le secteur éducatif. L'entrée « Pays » (français, anglais) permet d'accéder aux documents clés d'un pays (documents de stratégies pays, NEPAD, etc.) ainsi qu'à une sélection de liens. La rubrique « Documents » donne accès, par pays et par thématique, à d'autres informations (rapports, projets). **www.afdb.org/**

L'Agence Française de Développement (AFD)

Au cœur du dispositif français d'aide publique en faveur des pays pauvres, l'AFD participe au financement du développement. En éducation, l'un de ses principaux secteurs d'intervention, elle finance l'ensemble des programmes bilatéraux français pour l'éducation primaire, secondaire et la formation professionnelle. Plus de 50 % de ses financements sont destinés à l'Afrique. Les projets qu'elle soutient sont en ligne (français, anglais, espagnol) : projets en cours, quelques projets emblématiques, projets d'une zone géographique ou d'un pays. Un lien donne accès à ses études et publications. **www.afd.fr/**

Organisme de recherche

Réseau Ouest et Centre Africain de Recherche en Éducation (ROCARE)

Il vise à promouvoir l'expertise africaine pour améliorer les politiques et pratiques éducatives via, par exemple, le renforcement de la capacité nationale et régionale de recherche et d'évaluation. Le réseau compte plusieurs centaines de chercheurs dans quatorze pays membres (Bénin, Burkina Faso, Cameroun, Côte d'Ivoire, Gambie, Ghana, Guinée, Mali, Mauritanie, Niger, Nigéria, Sénégal, Sierra Leone, Togo). Ses publications sont en ligne (bulletins d'information, newsletters, études nationales et transnationales, etc.). **www.rocare.org/**

TICE : ressources, enseignement à distance

Institut international pour le renforcement des capacités en Afrique (IIRCA)

Institut de l'UNESCO, l'IIRCA vise à renforcer le poids des structures d'enseignement en Afrique, notamment par le biais des nouvelles technologies avec la mise en place d'une plate-forme d'échange et de ressources pédagogiques pour les enseignants. **www.unesco-iicba.org/**

Edusud – TIC pour l'éducation en Afrique

Élaboré par le pôle TIC et Éducation du BREDA, le portail Edusud se veut un espace de savoirs pour l'intégration des TIC en Afrique. Il propose aux enseignants des outils et ressources pédagogiques (méthodes, logiciels, annuaires de recherche) dans le domaine des TIC et donne accès aux sites des universités francophones proposant des cours en ligne. **www.edusud.org/** ▪

Sophie Condat

le point sur...

Russie

La réforme de l'enseignement supérieur

La Russie a lancé depuis 2003-2004 un grand chantier de l'enseignement supérieur dont l'objectif est double. D'une part, les réformes du secteur sont appelées à dépasser l'héritage soviétique – riche, mais obsolète – pour former des cadres dont l'économie russe a besoin aujourd'hui afin de réussir le passage tant débattu à l'« économie de la connaissance ». D'autre part, elle cherche à gagner des parts du marché éducatif international, ce qui comporte des enjeux économiques et contribue à satisfaire sa quête d'influence et de prestige.

Un grand chantier interne

La rationalisation et l'optimisation du réseau sont au cœur de la réforme. En effet, le nombre d'établissements d'enseignement supérieur (EES) en Russie a cru d'une manière exponentielle depuis la chute de l'URSS, en profitant de la liberté d'entreprendre et d'une demande solvable des ménages. Il a plus que doublé entre 1990 et 2008, passant de 514 à 1 108 (plus de 3 000 avec des filiales) dont certains ne délivrent pas une formation de qualité requise. Il est donc prévu d'en fermer une partie. Cette réduction va aussi dans le sens des prévisions démographiques qui annoncent une chute des effectifs au cours des dix prochaines années. Les autres établissements sont invités à se regrouper autour des leaders pour faire jouer les économies d'échelle. La concentration se fait à la fois sur des critères de proximité géographique et de complémentarité fonctionnelle. Le nombre d'universités doit, par exemple, être ainsi ramené à une cinquantaine. Les nouveaux pôles d'excellence profiteront d'injections financières importantes. Le projet national « Éducation », lancé en septembre 2005, a été le premier pas de cette stratégie dans le but d'identifier les leaders. Dans le cadre de ce projet, 57 ESS (soit 10 % des

ESS publics), sélectionnés pour leur potentiel innovant, ont reçu un soutien public à hauteur de 30 milliards de roubles (soit 857 millions d'euros).

Le système d'enseignement supérieur russe doit se composer à terme de trois groupes d'EES. Le premier sera formé d'« universités de recherche fédérales » ayant vocation à couvrir les besoins des régions ou des districts fédéraux (il y en a sept en Russie) en cadres et chercheurs. Deux universités fédérales ont déjà été créées, l'une dans le Sud, autour de l'université d'État de Rostov, et l'autre en Sibérie, sur la base de l'université d'État de Krasnoïarsk. Le deuxième groupe se composera d'« universités de recherche nationales », de taille plus réduite, qui seront appelées à servir les besoins des secteurs de pointe comme le nucléaire et la métallurgie, sans être tenues aux besoins des régions. Pour sélectionner les membres de ce deuxième « club », un concours aura lieu courant 2009 dont les critères de sélection et les montants de financement restent encore à préciser. À condition d'apporter 20 % de participation financière, les gagnants du concours bénéficieront d'un financement conséquent pendant cinq ans, ce qui leur permettra de renforcer leur potentiel en finançant des équipements de pointe et des formations pour les professeurs. Enfin, un troisième groupe comprendra tous les autres EES qui sont incités à troquer le statut d'établissement public contre celui d'établissement autonome : ils appartiendront toujours juridiquement à l'État, mais ils ne bénéficieront plus de financements publics suffisants, ce qui les obligera à des opérations permanentes de recherches de financements auxquelles ils ne sont guère préparés.

L'autre but de la réforme est le rapprochement de l'enseignement et de la recherche, cette dernière relevant historiquement du domaine de l'Académie des sciences russe. Un EES sur huit seulement fait de la recherche en Russie. Dans les dépenses totales de R&D, le secteur d'enseignement supérieur ne représente que 6,1 % (soit 0,08 % du PIB). L'appellation « université de recherche » traduit justement cette priorité du gouvernement à l'œuvre depuis 2004 avec la création d'un seul ministère de l'Enseignement et de la recherche (MER). Les établissements des deux premiers groupes devront s'entourer d'une ceinture d'entreprises innovantes, de *start-up*, de « business-incubateurs » pour commercialiser les résultats de leur recherche fondamentale et, surtout, appliquée. Ils doivent ainsi devenir rapidement capables de s'autofinancer grâce aux commandes du secteur industriel. Un projet de loi allant dans ce sens est en préparation. Les retombées externes attendues de cette nouvelle organisation sont l'impulsion au développement de l'économie des régions, d'une part, mais aussi la croissance de la part russe dans les exportations mondiales de hautes technologies, d'autre part. Le « cercle vertueux » que cherche à créer le MER s'inspire sans ambages du modèle des grandes universités américaines. Il s'agit là d'une vraie révolution du schéma mental par rapport à l'époque soviétique et même à celle dite « de transition ».

En quête de reconnaissance et d'intégration internationales

Ces objectifs internes se couplent avec une quête de reconnaissance et d'intégration internationales. Après une période au cours de laquelle elle a été l'objet d'aides techniques et financières, la Russie vise à établir des coopérations internationales plus équilibrées, à attirer étudiants, enseignants et chercheurs étrangers, à exporter ses services éducatifs et à promouvoir une image positive. Or, les établissements russes occupent une place modeste dans les classements internationaux. Seules deux universités russes figurent dans les cinq cents établissements du classement de Shanghai en 2007. Ainsi, l'Université d'État de Moscou (MGU) se situe à la 72e place, et l'Université d'État de Saint-Pétersbourg, à la 340e. En dépit d'une longue tradition d'accueil à l'époque soviétique, la Russie ne reçoit plus que 3,3 % des flux des étudiants internationaux, tandis que les États-Unis en accueillent 26,6 %. Si les étudiants étrangers apportent aux États-Unis 18 milliards de dollars par an, la Russie ne touche que 350 millions de dollars. Pour corriger cette situation, plusieurs mesures sont envisagées. En 2003, la Russie a adhéré au processus de Bologne de création d'un espace européen commun de l'enseignement supérieur. Dans le cadre de ce processus, elle adopte deux niveaux de formation *bakalavriat/maguistratura* (licence/maîtrise en France), introduit le supplément de diplôme reconnu au niveau européen, favorise la mobilité académique, etc. Parmi d'autres mesures envisagées : la réflexion sur une vraie stratégie d'exportation des services éducatifs, une augmentation du budget pour les bourses aux étudiants étrangers, un meilleur classement pour les nouvelles universités russes, etc. La communauté universitaire russe, pour sa part, a présenté en février 2009, un nouveau classement (*New Global Ranking*) où la Russie occupe la 8e place.

La crise, quel impact ?

Pour tenir le cap, la continuité de la volonté politique et de l'effort financier sont nécessaires. La volonté politique est indéniable. La stratégie choisie ne semble pas rencontrer d'oppositions virulentes au sein de la communauté universitaire.

En revanche, la crise financière actuelle touche de plein fouet la Russie. La forte dévaluation du rouble et l'effondrement du prix du pétrole rendent l'avenir incertain. Pour l'instant, les concepts de la réforme de l'enseignement supérieur ne sont pas remis en cause mais le manque de ressources peut différer sa mise en œuvre et altérer son efficacité. Le ministre Foursenko, qui a lancé les réformes sous la présidence Poutine et qui continue son travail dans le gouvernement actuel, a reconnu courant février qu'il s'attendait à deux à trois années « particulièrement difficiles » pour le système d'enseignement russe, mais a assuré que le financement ne serait pas réduit. Pour l'instant, il n'est pas question de renoncer au rêve choyé par le recteur de la célèbre Université d'État de Moscou (MGU), Viktor Sadovnitchy, d'« avoir le meilleur système éducatif au monde ». ■

Tatiana Kastoueva-Jean

Portugal

Le malaise des enseignants

L'année de 2008 a été au Portugal, pour les enseignants de l'enseignement de base et de l'enseignement secondaire, l'année de tous les mécontentements. Quelques faits sont suffisants pour comprendre soit la gravité, soit l'ampleur de ce malaise subi par une classe professionnelle dans sa totalité. Pendant l'année, par deux fois, les enseignants, mobilisés par les différents syndicats mais aussi dans le cadre de mouvements spontanés et autonomes, ont défilé sur le plus grand boulevard de Lisbonne, appelé, coïncidence heureuse, l'avenue de la Liberté. La première manifestation a eu lieu le 8 mars et a réuni cent mille personnes, c'est à dire les deux tiers des professeurs de tout le pays. Cette réussite a constitué une énorme surprise pour tout le monde, syndicats inclus, car c'était la première fois que se rassemblaient autant d'enseignants venus, dans des conditions difficiles, de tous les coins du pays. Pourtant, la surprise a été encore plus grande quand, sous la pression de la base, la classe enseignante est sortie une deuxième fois, dans les rues de Lisbonne, le 8 novembre dernier. Environ cent vingt mille personnes ont défilé, soit les trois quarts des enseignants. Les deux manifestations ont eu lieu un samedi et le nombre des manifestants a été confirmé, de façon convergente, par plusieurs observateurs autonomes, et notamment la presse écrite, la radio et la télévision. Par la suite, le 3 décembre, les enseignants ont fait une grève au niveau national, dont le taux d'adhésion a été supérieur à 90 %. Une deuxième grève a eu lieu le 9 janvier 2009, avec une adhésion équivalente. La lutte des enseignants se poursuit sous de nouvelles formes, malgré une certaine érosion du mouvement, face à la rigidité des positions du gouvernement. Le mécontentement reste intense.

Face à des évènements inédits et totalement inattendus, un observateur externe peut légitimement chercher à connaître les raisons d'une telle démonstration de colère de la part d'une classe professionnelle traditionnellement peu combative et fragmentée par des tendances syndicales et politiques diverses. La réponse est relativement simple : ce sont les mesures prises par le ministère de l'Éducation et une action politique très peu raisonnable qui ont permis de créer cette ambiance de révolte qui traverse les établissements scolaires. En effet, le gouvernement a touché, avec ses reformes, à trois points clés, très sensibles pour les enseignants : premièrement, une nouvelle loi sur la gestion des établissements, laquelle réintroduit la figure du directeur (abolie depuis la révolution du 25 avril 1974) et limite fortement la tradition de fonctionnement démocratique des établissements ; deuxièmement, une division et une hiérarchie de la carrière des enseignants qui créent, de façon perçue comme arbitraire et bureaucratique, une tranche de professeurs « titulaires » qui seront les seuls à pouvoir atteindre le sommet ; enfin, la création d'un système d'évaluation individuelle des enseignants, qui a été le déclencheur de la contestation.

Ce système d'évaluation peut, de façon très concise, être caractérisé comme suit : on part du postulat selon lequel les enseignants sont coupables de tout ce qui va mal dans le système scolaire ; il s'agit d'un processus extrêmement lourd et bureaucratique qui tend à paralyser la vie des établissements ; il est basé sur une vision atomisée et individuelle du fonctionnement de l'établissement, en ignorant les dimensions collectives du travail enseignant, aussi bien que la totalité systémique qu'est l'établissement scolaire ; il est centré sur une évaluation qui rend totalement subalternes les dimensions formatives et qui devient punitif, car elle a des conséquences sur la progression dans la nouvelle carrière en limitant l'accès aux niveaux supérieurs. Enfin, ce modèle d'évaluation est perçu, pour de « bonnes raisons », comme très injuste car il est censé évaluer le mérite absolu de chacun et établit en même temps une limite pour l'attribution des mentions « excellent » (5 %) et « très bon » (20 %), ce qui empêche les trois quarts des enseignants de progresser jusqu'au sommet.

Tout ce cadre a comme toile de fond l'émergence d'un phénomène de chômage qui touche particulièrement les jeunes qui viennent d'être formés ; la baisse réelle de la valeur des salaires ; l'augmentation de la durée de l'horaire de travail ; des conditions de plus en plus difficiles pour exercer le métier, surtout dans les zones urbaines plus sensibles du point de vue social. Toutes les conditions sont donc créées pour « inviter » les enseignants à choisir des stratégies collectives pour affronter les mesures prises. Celles-ci expriment à la fois : un processus de centralisation qui diminue l'autonomie et augmente le contrôle ; une manière d'essayer de légitimer des politiques restrictives en matière de salaires des fonctionnaires.

Cette situation portugaise exprime des tendances qui, à différents degrés, marquent négativement l'exercice du métier enseignant dans une grande diversité de pays dans le monde. Ce qu'elle présente de singulier est l'ampleur du mouvement et du niveau de souffrance au travail qu'il révèle. Le quotidien des enseignants est devenu invivable. « Laissez-nous être professeurs ! » est devenu le mot d'ordre le plus populaire et celui qui exprime le mieux cette angoisse collective. Ironiquement, on peut souligner la contradiction entre les mesures effectivement prises et la rhétorique exprimée à Lisbonne, lors de la tenue (en 2007) d'une Conférence [1] consacrée au thème du « développement professionnel des enseignants ». Dans cette conférence, l'éloge du métier enseignant comme facteur essentiel pour atteindre les objectifs définis dans la « stratégie de Lisbonne » a été un axe central. D'autre part, les conclusions ont retenu trois grands défis politiques : rendre la profession enseignante attractive ; contrarier l'invasion de l'école par les problèmes sociaux ; dépasser le paradoxe de la coexistence d'une prétendue autonomie avec des modalités de plus en plus dures de contrôle. Il nous faut redécouvrir les chemins qui puissent nous conduire à retrouver le plaisir d'enseigner. ▪

Rui Canário

1. Voir : PORTUGAL (2008). Portuguese Presidency of the Council of the European Union Conférence "*Teacher professional development for the quality and equity of lifelong learning*". Lisbonne, 27-28 septembre 2007.

notes de lecture

Manuel d'histoire franco-allemand. L'Europe et le monde depuis 1945

Peter Geiss et Guillaume le Quintrec (dir.), éditions Nathan, éditions Klett, 2006, 336 p.

La publication du manuel franco-allemand d'histoire est une illustration du caractère insubmersible de la relation franco-allemande, qui est bien, depuis soixante ans, et même si cela n'a pas toujours été un long fleuve tranquille, une constante de notre vie politique en Europe.

Rappelons qu'il s'agit ici d'une réalisation unique en son genre – un manuel non pas d'histoire franco-allemande mais franco-allemand d'histoire – qui a dû surmonter bien des difficultés.

Le mot même de manuel posait problème du côté allemand, en ce qu'il évoquait par trop le caractère magistral de l'enseignement tel qu'il est encore pratiqué bien souvent en France. En Allemagne, les élèves travaillent davantage en autonomie – on pourrait dire qu'il s'agit là d'un enseignement plus « libéral » au sens tocquevillien du terme – et les manuels ressemblent souvent à des compilations exigeantes de références. Quelquefois arides, volumineux, d'une grande complexité, ils contiennent essentiellement des textes et sont en cela à l'image d'un enseignement secondaire qui se veut élitiste.

La première difficulté portait donc sur l'objet même de « manuel » à la française. Si, en France, les professeurs venant aussi bien de l'Université que des classes préparatoires ou du secondaire participent volontiers à leur conception, on peut remarquer que ce type d'objet soulève d'ailleurs en Allemagne nettement plus de réticences de la part des auteurs potentiels.

La question du choix de la méthode didactique, de la pédagogie se posait ensuite, logiquement. Quel type de cours proposer ? Fallait-il traiter d'histoire et de géographie, comme en France – sachant qu'en Allemagne, la géographie est liée aux sciences de la terre ? L'histoire tient en outre en France une place tout à fait singulière dans les programmes, l'épreuve d'histoire-géographie et d'éducation civique y joue un rôle emblématique, quel que soit le niveau de scolarité [1]. Les différences entre systèmes éducatifs pouvaient être également à l'origine de tensions. Alors qu'en France, le système est centralisé, depuis 1808 et la prise de contrôle de l'éducation par l'État, et même si la déconcentration dans les académies est maintenant une réalité, en Allemagne, la politique éducative est l'affaire des Länder. Il n'existe pas vraiment de programmes nationaux ou de « documents d'accompagnement », comme en France. On enseigne différemment à Brême, Hambourg, Berlin ou Coblence. Partant de là, sur quels programmes s'appuyer ? Enfin, les divergences de vision quant à l'histoire elle-même constituaient le dernier obstacle. Le manuel de première a suscité en cela davantage de débats que celui de terminale. Les débats ont porté notamment sur la période coloniale, la montée des extrêmes entre les deux guerres, ou la perception du communisme. Dans le manuel, les encadrés intitulés « Regards croisés » se font d'ailleurs l'écho de ces discussions.

Pour le manuel de terminale – qui a été conçu en premier, au moment du déclenchement de la guerre en Irak, c'est-à-dire dans un contexte international chargé – les différences de vision sur le rôle et la place des États-Unis dans le monde ont constitué le principal point d'achoppement, les Allemands leur étant naturellement plus favorables en raison de l'ancrage à l'ouest (*Westbindung*) qui caractérise leur politique étrangère.

1. En France, le pilotage du système se fait par les programmes, les examens, les normes. L'épreuve d'histoire y tient une part essentielle en ce qu'elle est présente à presque tous les niveaux de scolarité. Les sujets d'histoire du baccalauréat professionnel et du BEP sont particulièrement révélateurs de la place qu'occupe cette discipline dans l'imaginaire collectif.

Ce manuel a été enfin l'occasion pour les Allemands eux-mêmes de s'interroger sur l'écriture de leur propre histoire récente, celle qui débute dans les années quatre-vingt-dix. Il s'agissait de créer en quelque sorte une « nouvelle histoire allemande ». Les riches échanges qui ont eu lieu alors ont contribué indirectement au rapprochement des visions de l'histoire allemande.

Ce projet de publication a pu aboutir du fait de la volonté politique qui s'est déployée pendant cette période en France et en Allemagne. La partie est-elle gagnée pour autant ? Je pense qu'il faut poser nettement la question. Si le manuel de terminale s'est diffusé très correctement, le manuel de première l'est moins. De plus, la question du manuel franco-allemand de seconde dépend de la réforme générale des programmes de seconde en France.

Les sections européennes se servent manifestement du manuel, dans le cadre de la préparation de l'AbiBac [2] notamment. Mais le manuel de première ne correspond pas exactement au programme allemand... Peut-être ce manuel n'est-il pas suffisamment connu ? Le contexte linguistique n'est pas non plus favorable, on le sait. Il faut insister néanmoins sur la valeur symbolique de cette initiative. Il faut se souvenir que la Première Guerre mondiale, par exemple, a été terrible sur le plan humain en France et en Allemagne. Des générations entières ont été détruites. À la fin de la guerre, c'en était fini de l'Europe ! C'est dans ce contexte que se pose, en France, la question récurrente des commémorations. [3]

La France et l'Allemagne montrent ainsi l'exemple et créent un précédent. Ce manuel existe en tant qu'objet concret de l'amitié franco-allemande. Ce projet éditorial a remis à sa façon l'humanité au premier plan. Il a permis de développer une vision non antagoniste des pays en présence, une vision acceptable, apaisée, dépassionnée du passé.

Verra-t-on un jour la publication d'un manuel russo- ou germano-polonais, tchécoslovaque, franco-roumain ou franco-algérien ? Toutes les conditions ne sont jamais vraiment totalement réunies pour ce travail en commun. Pour que cela fonctionne, il faut s'appuyer avant tout sur la jeunesse : la demande peut venir de là, comme cela a été le cas pour le manuel franco-allemand ; sur les politiques : pas de projet de ce type sans volonté politique ; sur les historiens : le travail de rapprochement qu'ils peuvent opérer est déterminant. [4] ■

Tristan Lecoq

2. Contraction de « *Abitur* » (examen de maturité équivalent allemand du baccalauréat français) et « baccalauréat ». L'obtention simultanée des deux diplômes est proposée dans certains lycées à la suite de l'accord du 31 mai 1994 signé entre la République fédérale d'Allemagne et la République française.

3. Voir le rapport de la commission de réflexion sur la modernisation des commémorations publiques remis en novembre 2008 par l'historien André Kaspi. La commission y préconise de réduire de douze à trois – le 11 novembre, le 8 mai et le 14 juillet – les journées de commémorations nationales en France, sans pour autant cesser de commémorer les autres faits marquants de l'histoire nationale et internationale, mais en imaginant d'autres cérémonies ou d'autres moyens (Paris, ministère de la Défense, 2008, 47 pages ; pdf téléchargeable sur http://les rapports.ladocumentationfrancaise.fr/BRP/084000707/0000.pdf).

4. Pour la France et l'Algérie, on pense notamment aux travaux de Benjamin Stora. *La gangrène et l'oubli. La mémoire de la guerre d'Algérie*, publié en 1991 (éd. La Découverte, Poche-Essais) a marqué les esprits. Plus récemment (2004), il a coordonné avec Mohammed Harbi un ouvrage sur la guerre d'Algérie rassemblant les contributions d'historiens français et algériens, *La Guerre d'Algérie (19.54-2004). La fin de l'amnésie* (Laffont). Dans son dernier livre, *Les Guerres sans fin* (Stock, 2008), il revient sur son parcours et sur la concurrence ou communautarisation des mémoires, quand l'enjeu n'est plus de comprendre mais « d'avoir eu raison dans le passé ».

Dictionnaire de l'éducation

Agnès van Zanten, Ed. (2008), PUF, Collection Quadrige Dicos Poche, 705 p.

Les personnes de mon âge ont vu leur vie d'étudiant, puis de jeune chercheur et d'universitaire s'accompagner de nombreuses consultations des dictionnaires édités par les Presses universitaires de France : le *Vocabulaire de psychopédagogie et de psychiatrie de l'enfant* de Robert Lafon, le *Dictionnaire de la langue pédagogique* de Paul Foulquié, le *Vocabulaire de l'éducation* de Gaston Mialaret, le *Dictionnaire de l'évaluation et de la recherche pédagogique* de Gilbert de Landsheere. Ces dictionnaires se caractérisaient par leur complémentarité. Les deux derniers étaient assez représentatifs d'une époque. Celui de Mialaret mettait en évidence l'élargissement des sciences de l'éducation et la multiplication des institutions d'éducation ; le second, d'inspiration anglo-saxonne, faisait référence essentiellement au courant qui voulait développer une recherche scientifique de qualité sur l'objet éducation. Défenseurs tous deux de la « pédagogie expérimentale » (entendre : la recherche pédagogique fondée sur des recherches empiriques obéissant aux canons de la recherche scientifique), les deux auteurs s'étaient d'ailleurs concertés pour rendre leurs dictionnaires complémentaires. Ces dictionnaires accusaient leur âge, les Presses universitaires de France se devaient de réagir: la réponse est désormais là avec le *Dictionnaire de l'éducation*, un produit de très grande valeur.

Que, sur le plan scientifique, il soit édité par Agnès van Zanten est déjà une garantie non négligeable de qualité. Pour développer les 198 entrées conceptuelles, celle-ci s'est entourée, non seulement d'un comité scientifique de personnalités bien connues, mais aussi de 197 collaborateurs scientifiques, dont 140 Français, 20 Suisses, 16 Belges, 5 Américains (États-Unis), 2 Québécois, 4 Britanniques, 2 Grecs, 2 Espagnols, un Italien, un Brésilien, trois experts de l'OCDE et un expert de l'UNESCO. On constate donc une volonté d'ouverture, même si plus de 70 % des auteurs sont français. Nous avons également apprécié le fait qu'à côté d'experts seniors, Agnès van Zanten fasse appel à une génération de chercheurs plus jeunes; et, sans en faire une règle générale, il est intéressant de constater que, si les premiers se caractérisent par leur sens historique des grandes évolutions et font référence surtout aux travaux francophones, les seconds font plus souvent appel à des travaux plus récents, parmi lesquels des travaux anglo-saxons. Un second signe d'ouverture est la volonté de « fournir un fonds commun de concepts, de méthodes et d'interprétations propres à chaque discipline – l'histoire, la psychologie, les sciences cognitives, la philosophie, la didactique, la sociologie, la sociolinguistique, l'anthropologie, les sciences politiques et l'économie – et parfois commun à certaines d'entre elles » (p. IX). Agnès van Zanten ajoute, dans son excellent avant-propos : « Mais il s'agit également de respecter l'existence d'une diversité de paradigmes, d'épistémologies et d'approches suivant les domaines et les équipes de recherche » (p. IX).

Aucun dictionnaire n'a la prétention d'être exhaustif. L'éditeur scientifique et le comité qui l'entoure font donc des choix. L'analyse de ces choix et surtout des non-choix est évidemment révélatrice des intentions explicites ou implicites. Afin de les révéler aux lecteurs potentiels, nous avons pris la peine de relever dans le tableau ci-après un certain nombre d'entrées conceptuelles dont certaines sont présentes dans le *Dictionnaire de l'éducation* (deuxième partie du tableau) et d'autres absentes (première partie du tableau). Ensuite, nous avons cherché à savoir si de tels concepts étaient présents ou absents dans trois autres dictionnaires importants : celui de R. Le-gendre (1993, 2e éd.), *Dictionnaire actuel de l'éducation* (Montréal-Paris : Guérin-Eska) ; celui de F. Raynal, et A. Rieunier (1997), *Pédagogie : dictionnaire des concepts clés* (Paris : ESF) ; et enfin celui de D. Groux, (dir.) (2002), *Dictionnaire d'éducation comparée.*

Le premier est le plus volumineux (1 500 pages) : il comprend plusieurs milliers d'entrées auxquelles ont collaboré plusieurs centaines de collaborateurs, essentiellement canadiens. Le second est l'œuvre de deux formateurs passionnés qui, en 400 pages, ont analysé les publications de 460 auteurs pour dégager, dans un langage accessible aux praticiens (enseignants et formateurs), les définitions d'environ mille concepts susceptibles de les concerner. Le troisième est intéressant dans le sens où il présente quelques points communs avec le dictionnaire édité par Agnès van Zanten : Dominique Groux s'est également entouré d'un comité scientifique international (un Français, une Suissesse, un Américain et un Japonais) ; le dictionnaire est soucieux de définir et de caractériser les disciplines qui tentent de cerner l'objet « éducation » (elles constituent les entrées conceptuelles de la première partie de l'ouvrage alors que dans le dictionnaire d'Agnès van Zanten, elles sont insérées dans les autres entrées) ; les entrées conceptuelles sont l'objet d'un choix très strict (100 entrées), encore plus strict que dans le *Dictionnaire de l'éducation* (198 entrées).

À la lecture de ce tableau, que peut-on dire d'abord des non-choix effectués par Agnès van Zanten et son comité scientifique ? Une des raisons fondamentales est certainement la limitation du nombre d'entrées conceptuelles ; les concepts de la première partie du tableau se retrouvent presque tous dans le dictionnaire de Legendre et dans celui de Raynal & Rieunier aux très nombreuses entrées. Par contre, ces deux dictionnaires accusent le poids des ans, puisque aucun des deux ne prend en compte ni le concept d'équité, ni le concept d'égalité, alors que le *Dictionnaire* de Groux (plus récent) développe bien le concept d'égalité des chances. On peut cependant s'étonner que le dictionnaire d'Agnès van Zanten passe sous silence la problématique de la validation des acquis de l'expérience, alors que la France a été pionnière à ce sujet, que de nombreuses réunions internationales ont été organisées sur la question et qu'il existe actuellement une littérature abondante sur le sujet. Mais mon étonnement le plus grand vient du silence autour des concepts liés à l'évaluation, à la mesure et plus largement à la méthodologie de la recherche, alors que ceux-ci étaient caractéristiques du dictionnaire édité par de Landsheere. Mon étonnement est d'autant plus grand qu'un ses plus célèbres successeurs, Marcel Crahay, fait partie du comité scientifique. Que l'on en juge par la liste non exhaustive des non-choix suivants : certification, critère, docimologie, édumétrie, efficience, indicateur, mesure, qualité, taxonomie, validité... Le nombre limité d'entrées

CONCEPTS	Van Zanten	Legendre	Raynal & Rieunier	Groux
Attitude		×	×	×
Certification		×		
Critère		×	×	
Développement professionnel			×	
Docimologie		×		
Éducation		×	×	
Édumétrie			×	
Efficience		×		×
Épistémologie		×		
Épistémologie génétique			×	
Équité	(égalité et)			(égalité chances)
Formation		×	×	
Identité professionnelle				
Indicateur		×	×	×
Mesure		×	×	
Métacognition		×	×	
Méthode pédagogique		×	×	
Pédagogie		×	×	
Qualité		×		
Rythmes scolaires		×		
Taxonomie		×	×	
Validation des acquis de l'expérience				
Validité		×	×	
Administration de l'éducation	×	×		
Anthropologie de l'éducation	×			(anthro-pologie)
Autonomie des établissements	×	×		
Communauté éducative	×	(scolaire)		
Délinquance juvénile	×	(délinquance)		
Demande de formation	×			
Discrimination positive	×			×
Droits des élèves	×			(droit à l'éducation)
Effet établissement	×			
Effet classe	×			
Élites (Employabilité des)	×			
Élites (Formation des)	×			
Formation des enseignants	×	×		×
Formation tout au long de la vie	×			
Insertion professionnelle	×	×		
Institutions scolaires	×	(institution)	(institution)	
Offre de formation	×			
Politiques éducatives	×			
Science de l'éducation	×			
Sciences de l'éducation	×			
Standards scolaires	×	(standards)		
Taille des classes	×			
Territorialisation de l'action éducative	×			
Trajectoires scolaires	×			
Violence scolaire	×			(violence)

n'explique pas tout : ces non-choix sont des indices de choix épistémologiques différents des auteurs des dictionnaires antérieurs.

L'examen de la deuxième partie du tableau, à savoir des choix privilégiés par Agnès van Zanten et non par les autres dictionnaires, vient conforter notre analyse précédente sur au moins deux aspects : d'une part l'évolution des sciences de l'éducation, et donc l'attention accordée à certains objets ; mais d'autre part, également, des problématiques et des problématisations plus spécifiquement franco-françaises. Si on examine attentivement les entrées conceptuelles absentes dans les autres dictionnaires, ce sont surtout des concepts liés au concept plus général de « politiques éducatives » (le pluriel est d'ailleurs important) ; c'est certainement un des points forts et spécifiques de ce *Dictionnaire de l'éducation* et il est étonnant qu'on ne retrouve pas cette même préoccupation dans le *Dictionnaire d'éducation comparée*. Certains choix sont plus particulièrement sensibles en France (ou en Europe francophone pour certains d'entre eux) et moins au Canada. Que l'on pense, par exemple, aux concepts suivants : discrimination positive, effet établissement, effet classe, élites (l'employabilité et la formation des élites sont des problèmes largement discutés en France et très peu dans les autres pays), territorialisation de l'action éducative, trajectoires scolaires... Il est remarquable d'analyser par comparaison les non-choix opérés par le dictionnaire de Raynal et Rieunier, qui s'adresse essentiellement aux acteurs de terrain (enseignants et formateurs) : ce sont surtout des concepts plus liés aux préoccupations pédagogiques et didactiques de la classe, alors que le dictionnaire de van Zanten est plus orienté vers les politiques de l'éducation. Avec la montée en puissance des évaluations internationales et nationales, on peut se demander si les préoccupations des uns et des autres ont tendance à se rapprocher ou à se distancier.

Le *Dictionnaire de l'éducation* est-il vraiment un dictionnaire ? Si on entend par dictionnaire un ouvrage centré sur la ou les définitions donnée(s) à un concept, la réponse serait négative, alors qu'elle serait positive dans le cas du dictionnaire de Legendre ou de celui de Raynal & Rieunier. Prenons l'exemple d'un des concepts les plus couramment utilisés actuellement, celui de compétence. Le dictionnaire de Legendre fournit d'abord une définition générale, puis des définitions spécifiques données par un certain nombre d'auteurs ou dans des contextes donnés, enfin des associations conceptuelles. Le dictionnaire de Raynal & Rieunier commence par une définition générale puis, avec le souci d'être bien compris par les acteurs de terrain, donne des exemples de compétences et analyse les caractéristiques de la compétence sur la base de travaux de spécialistes dans le domaine (situations de références, différences avec d'autres concepts proches, intégration de différentes formes et dimensions du savoir, la nécessaire prudence à adopter face à l'utilisation d'un tel concept). Il en va tout autrement du dictionnaire d'Agnès van Zanten. Le concept de compétence ne constitue pas une entrée pour lui-même ; c'est une double entrée conceptuelle qui est utilisée : « compétences et employabilité » (par Luciano Benadusi, Université Sapienza de Rome) suivie de « compétences sociales des élèves » (par Rachel Gasparini, Université de Lyon 2). Comme pour les autres concepts, le souci premier n'est pas de définir les concepts, mais de les cerner par une approche, non pas pédagogique, mais socio-historique. Ainsi, Benadusi commence par décrire le contexte dans lequel l'association entre compétences (noter le pluriel) et l'employabilité (noter le singulier) s'inscrit: la crise des marchés internes du travail, l'individualisme, le passage du *welfare* passif ou *welfare* actif. Il poursuit par l'origine et la signification des deux concepts et conclut par la convergence des concepts de compétence et d'employabilité. Si, pour l'entrée « compétences sociales » [1], Rachel Gaspirini commence par donner le sens courant attribué à ce concept (« aptitude à se comporter de manière socialement appropriée », p. 79), c'est pour mieux en montrer les limites et les dangers (pp. 78-81) : « l'approche doit se départir d'une visée normalisatrice et moralisatrice » ; « ne pas se laisser à penser qu'il existe une séparation entre le social et le cognitif » ; « les compétences visées par l'école comportent des contradictions entre elles... comme le principe de démocratisation ... et le principe de sélection » ; « la volonté politique et administrative d'avoir une école unique se heurte dans les faits à un traitement inégal des élèves » ; « enfin, les compétences sociales des élèves ne sauraient être appréhendées correctement sans une attention aux variables traditionnelles en sociologie (classe sociale, appartenance sexuée, origine ethnique) ». Au-delà du choix des entrées conceptuelles (très révélateur), la façon de les aborder montre que chaque article est plutôt une « note de synthèse » (au sens donné par la *Revue française de pédagogie*) qu'une tentative de définir le concept en question. Pour la plupart des entrées conceptuelles, le point de vue adopté est une approche sociologique, politique et historique. C'est ce qui fait la richesse de ce « dictionnaire » (mais en est-il un ?) ; c'est aussi ce qui constitue ses limites (et donc ce qu'il ne faut pas y chercher avant tout).

La parution de ce « dictionnaire » réjouira avant tout les sociologues de l'éducation, les historiens et tous ceux qui s'intéressent aux politiques de l'éducation, surtout s'ils sont orientés vers les travaux européens francophones (et tout particulièrement français pour certaines entrées conceptuelles). Il décevra en partie ceux qui s'attendaient à une vision plus large qui n'est présente que pour certaines entrées conceptuelles (traitées le plus souvent par des auteurs non attachés à une institution française). Illustrons cela par la façon dont trois entrées conceptuelles ont été abordées : « science de l'éducation » (Jacqueline Gautherin, Lyon 2), « sciences cognitives et éducation » (Michèle Kail, Université de Provence, et Martine Caraglio, SAIO de Paris), « sciences de l'éducation » (Rita Hofstetter et Bernard Schneuwly, Université de Genève). Sur la base de sa thèse « La formation d'une discipline universitaire : la science de l'éducation », J. Gautherin fait une analyse historique très pointue de la tentative de constitution d'une science de l'éducation en France (et quasi exclusivement en France), pose évidemment la question de la science ou des sciences de l'éducation (toujours en France) et souligne pour terminer la fragilité d'une telle discipline. Avec l'entrée conceptuelle suivante « sciences cognitives et éducation », M. Kail et M. Caraglio semblent nous faire passer

1. Soulignons au passage que pour cette entrée, il a manqué une dernière relecture, car les « é » n'ont pas été imprimés et sont remplacés par des blancs. Mais ceci est un accident, car l'ouvrage est bien édité. Plus globalement, certains lui reprocheront sans doute un corps de caractère trop petit; d'autres y verront l'avantage de disposer d'un dictionnaire peu volumineux et facilement manipulable. Ici encore, c'est une question de choix.

de la fragilité de la (des) science(s) de l'éducation à la plus grande solidité apparente des sciences cognitives sur la base d'une double argumentation : les disciplines fondatrices (informatique, intelligence artificielle, la psychologie, la linguistique et plus récemment les neurosciences) ; leurs méthodes (« expérimentation, simulation et plus récemment investigation par l'imagerie cérébrale anatomique et fonctionnelle » p. 610). Plus fondamentalement, « le but des sciences cognitives n'est pas d'élaborer des prescriptions en direction du monde éducatif » (*ibid.*). Les auteurs s'emploient par la suite à donner des exemples (essentiellement puisés dans des ouvrages français) « qui constituent une illustration de l'alliance possible entre recherches en sciences cognitives et l'éducation » (*ibid.*). L'entrée conceptuelle suivante « sciences de l'éducation » est également une analyse historique très pointue de la constitution des sciences de l'éducation dans leur aspect pluriel, mais les auteurs suisses (R. Hostetter et B. Schneuwly) y adoptent une dimension internationale très large: comment sont-elles désignées dans les autres grandes régions du monde (monde anglo-saxon, germanique, hispanique) ? ; comment émerge un nouveau champ de savoir à travers les premières institutionnalisations depuis la première chaire en Allemagne en 1779 jusqu'à la première chaire à la Sorbonne en 1887, après d'autres pays européens ou américains ? ; comment ce champ, avec le temps, se situe-t-il de plus en plus à la croisée de champs disciplinaires et professionnels variés sous l'influence de l'institutionnalisation de l'éducation (y compris dans les pays émergents), de la création d'institutions de recherche et de mouvements pédagogiques divers (dont les pédagogies dites « nouvelles ») ? ; quelles sont les tensions actuelles que les sciences de l'éducation doivent assumer, prises entre un besoin d'internationalisation (comme le montrent les enquêtes internationales et la création de réseaux comme l'OCDE, le CERI, la CONFEMEN, l'ADMEE, l'AIPU et bien d'autres) et le besoin de répondre à des besoins contextualisés (*cf.* la montée en puissance du paradigme de l'action située) ? Nous avons apprécié cette note de synthèse, car elle est le prototype de ce qu'attend le public auquel ce dictionnaire est destiné, à savoir des chercheurs et des experts des pays ayant le français comme langue de partage, mais ayant des histoires bien différentes.

En conclusion, cet ouvrage de référence est actuellement, de par ses choix, à la fois irremplaçable et ne peut suffire à lui seul pour le public auquel il est destiné. Il est irremplaçable actuellement par la nature de sa conception : il s'agit de notes de synthèse de grande qualité, surtout quand elles abordent la dimension internationale ; les analyses conjuguent des approches historiques, sociologiques et politiques avec un grand souci critique. Les choix effectués expliquent pourquoi cette parution est désormais un ouvrage de référence indispensable, mais complémentaire d'un dictionnaire plus classique comme celui de Legendre ou, pour les acteurs de terrain, celui de Raynal & Rieunier. Mais ces deux dictionnaires, non seulement méritaient une mise à jour, mais se trouvent merveilleusement complétés à leur tour par l'ouvrage d'Agnès van Zanten. ▪

Jean-Marie De Ketele
Université de Louvain-la-Neuve

Liberté, inégalité, individualité. La France et le Japon au miroir de l'éducation

Jean-François Sabouret, Daisuké Sonoyama (dir.), CNRS Éditions, Paris, 2008, 337 p.

En cette période de commémoration du cent cinquantième anniversaire de l'établissement des relations entre la France et le Japon, il ne fallait pas moins que ce gros volume pour esquisser une comparaison entre les systèmes éducatifs des deux pays. Car c'est bien à une approche comparative que s'attend le lecteur au vu du sous-titre de l'ouvrage : *La France et le Japon au miroir de l'éducation.*

L'ouvrage est inégalement doté de quinze contributions japonaises et huit contributions françaises. Côté japonais, H. Fujita dresse un tableau des réformes qui affectent le système éducatif japonais : restructuration du système, révision idéologique des principes fondateurs, remise en cause de l'enseignement obligatoire et de son évaluation. La comparaison entre les systèmes de gouvernance (S. Fujii) montre que la marchandisation de l'éducation prônée sous l'administration Koizumi (2001-2006), se poursuit jusqu'à faire des écoles japonaises des sociétés anonymes sur le modèle du marché. Le *New Public Management* introduit le « localisme » dans la « chose publique » et semble éloigner définitivement l'enseignement japonais de l'idéal d'égalité des chances et d'innovation pédagogique qui avait prévalu après 1945.

Masahiro Yamada rappelle que le système japonais a longtemps fonctionné comme un *pipeline* dont chaque branche pouvait donner accès à un niveau supérieur. Chacun trouvait ensuite une place dans le système productif « *on the job training* », nous dirions en français « sur le tas ». La pénétration de la nouvelle économie, en introduisant mobilité et précarité, a fragilisé ce système.

L'enseignant japonais fait l'objet d'un portrait en creux à travers le phénomène de *Ichamon* qui désigne la tendance des parents à se plaindre du fonctionnement de l'école (O. Masatoshi). Mais c'est à la lumière de leur formation que l'on comprend le statut irréductible à d'autres cultures du professeur nippon, investi d'un pouvoir « illimité « et pourtant soumis de plus en plus fréquemment à des standards d'évaluation externe (I. Yasuyuki).

Au cœur de ces contradictions, la polémique s'enfle autour de l'enseignement de l'histoire du Japon, alimentée par les progrès du révisionnisme concernant les crimes commis pendant la Seconde Guerre mondiale. Elle est devenue emblématique de l'indépendance intellectuelle que les enseignants japonais s'efforcent de préserver (T. Kondo). Dans le même esprit, N. Morita décrit l'évolution de l'éducation morale, prônant responsabilité et indépendance de jugement, sous l'influence des *Social Studies* américaines à partir de 1945.

D. Sonoyama étudie le phénomène de déscolarisation qui frappe au Japon les élèves étrangers qui ne relèvent pas de l'obligation scolaire prévue par la constitution japonaise pour le seul « peuple » nippon. La scolarisation, qui se fait en japonais et au nom des « valeurs nationales », est variable d'une préfecture à l'autre du fait de la décentralisation. Pourtant, le mythe d'un État à l'ethnie unitaire s'effondre et Y. Nakano aborde la problématique de l'intégration scolaire. C'est d'une autre forme d'intégration que traite H. Ito en abordant la scolarisation « inclusive » des enfants handicapés devenu opérationnelle au Japon depuis 2007.

Selon R. Kimura, le principe d'égalité entre les sexes acquis en 1945, s'est peu à peu corrompu dans les contenus d'un « curriculum caché » qui contribue à la transmission du sexisme dans l'enseignement japonais.

L'enseignement des langues étrangères donne lieu à une étude comparée des dispositifs d'apprentissage au niveau primaire et secondaire dans les deux pays (U. Shuichi).

Les similitudes culturelles sont délicatement abordées par H. Numata, qui rapproche Jean-Jacques Rousseau et Tôson Shimazaki, un délicieux poète de la sensibilité et de la nature.

La partie française est moitié moindre de la contribution japonaise. Le déséquilibre est accentué par les redondances de certains articles qui répètent l'antienne des principes de l'école publique, des pères fondateurs, des réformes successives, avant d'aborder les évolutions récentes et les thèmes actuels (échec scolaire, évaluations du PISA).

C. Forestier met en perspective l'évolution du système éducatif à travers les vicissitudes qui l'ont accompagnée, des espoirs nés de l'après-guerre à la massification du secondaire. Il aboutit à un constat marqué par « l'échec lourd » et l'inégalité. Succédant à cet article vigoureux, l'article de M. Goujon décrit l'administration du système éducatif, au long de l'examen chronologique de treize lois. La décentralisation y est présentée comme un processus généralisé. Ce plaidoyer admet cependant en conclusion que « ce dispositif est encore largement à mettre en œuvre » ! L'article de J-F. Sabouret esquisse ensuite une approche comparative au niveau de l'enseignement supérieur, sous le double signe de l'argent et des diplômes.

Les contenus d'enseignement sont abordés par A. Prévos qui, symétriquement à l'article japonais, s'attache à montrer qu'un enseignement efficient des langues étrangères passe par le multilinguisme. L'intercompréhension entre pays européens ne saurait plus longtemps se limiter à une seule langue véhiculaire, une *lingua franca* propre aux échanges marchands. Face à une évaluation comparative peu favorable aux étudiants français, l'auteur rappelle qu'au primaire, les nouvelles méthodes d'apprentissage ne se sont pas accompagnées d'une formation suffisante des enseignants.

On pourrait, à travers l'article d'Y. Thierry, rapprocher l'enseignement de la philosophie, tel qu'il est pratiqué en France, de l'éducation morale japonaise, même si les substrats culturels restent éloignés.

En miroir avec la situation japonaise, C. Baudelot donne de la scolarisation des filles en France, aboutissement d'un mouvement de fond sans précédent, une vision paradoxale : le bilan, largement positif, débouche sur des conquêtes professionnelles importantes permettant de revitaliser le slogan de « l'école libératrice ».

Les enseignants français ont droit à une description de leurs « états d'âme » (H. Hamon) à travers une série de clichés sans nuance : ils se retrouvent tour à tour « insatisfaits, geignards, agressifs, dolents, insécurisés, solitaires, imposteurs, victimes, coupables, menteurs et tricheurs ». Quant au tableau que le journaliste E. Davidenkoff dresse de la violence en milieu scolaire à partir de faits recensés dans les établissements et hors de ceux-ci (?), il n'aide guère à dissiper la confusion médiatique et idéologique qu'il prétend dénoncer. Une comparaison avec la situation japonaise, où le phénomène est fort préoccupant, eût été éclairante.

Comme dans tout ouvrage écrit par plusieurs auteurs, ce livre apporte des points de vue variés et parfois polémiques, des éclairages inattendus et intéressants sur certains aspects de l'éducation dans les deux pays. Il n'échappe pas non plus aux faiblesses du genre : inégalités des articles, lacunes et répétitions, sans doute dues à un manque d'unité éditoriale. ■

Pierre-Louis Gauthier

Observer, comparer, comprendre

Introduction

Anne-Marie Bardi

« En classe ! » À ces mots, les jeux s'arrêtent, les rangs se forment, le silence s'établit. Puis, sur un signe du maître, les élèves quittent la cour de récréation et se dirigent vers leur salle de classe…

Pour un lecteur français, cette scène est familière. Avec un peu de nostalgie, il y superpose les images en noir et blanc de la maison d'école, des blouses grises, des bras croisés et des vieux pupitres, voire le son de la cloche et l'odeur de la craie ; s'il pense à sa propre scolarité, il se rappelle tel maître, tel camarade d'enfance ou l'odeur des tilleuls dans la cour ; s'il conduit ses enfants à l'école, ce sont les bousculades des filles et des garçons dans la cour de récréation et la couleur des vêtements d'aujourd'hui qui lui viennent à l'esprit. Sait-il que cette manière d'entrer en classe est typiquement française et diffère chez nos voisins ? Sait-il qu'à Naples, on y entre à son rythme le matin et que l'on n'en ressort plus du tout jusqu'au soir ou qu'en Angleterre, une *assembly* réunit l'ensemble de l'école au début de chaque journée ?

La vie des élèves ne s'organise pas sur des bases identiques dans tous les pays, même dans des conditions politiques, économiques et sociales proches. Les lycéens et les professeurs français ayant eu l'expérience d'un séjour à l'étranger s'étonnent : au plan des relations humaines, par exemple, ils voient les élèves et les professeurs anglais déjeuner ensemble, les lycéens américains absorber sandwich et boissons durant les cours, casquette sur la tête, ou les lycéens allemands faire preuve de beaucoup d'autonomie. D'autres domaines les surprennent : l'évaluation des élèves, la durée des journées de classe, les exigences des parents, l'ouverture des lieux sur l'extérieur, la place des activités extrascolaires... À quoi tiennent nos pratiques, si profondément ancrées dans nos habitudes culturelles qu'elles paraissent à tout un chacun aussi naturelles qu'immuables, alors qu'un simple séjour à l'étranger suffit à en révéler la particularité ?

Ces différences sont, de fait, chargées de sens : le quotidien d'une classe et la vie d'une communauté scolaire montrent en filigrane les valeurs essentielles et les codes culturels que chaque nation demande à son École de transmettre, les principes et les priorités qui fondent la vie en société, la vision qu'a un pays de son avenir, et ce plus clairement sans doute que bien des déclarations officielles. Les articles réunis dans ce dossier s'attachent, chacun à sa manière, à identifier les valeurs culturelles qui expliquent les pratiques pédagogiques observées dans les classes d'une dizaine de pays développés.

Lorsque l'on se propose de comparer le quotidien des classes de différents pays, deux obstacles viennent à l'esprit : l'un concerne l'objet d'observation, l'autre le sujet qui observe. Tout d'abord est-il possible d'observer l'« école » en France, en Russie ou en Chine ? À l'évidence, le primaire n'est pas le secondaire, une école rurale n'est pas une école de centre-ville et, dans la même école, la classe de tel maître ne ressemble pas tout à fait à celle de son collègue. Nous faisons toutefois l'hypothèse que les spécificités analysées sont si fortement attachées aux pratiques quotidiennes et si étroitement liées aux valeurs culturelles propres à chaque pays que les différences locales, bien que réelles, ne sont, vis-à-vis de cette étude, que des différences de surface. Des invariants existent à l'intérieur de chaque pays et ce sont eux que nous étudions ici. Le second obstacle est lié à l'observateur : personne ne connaît mieux l'école de son pays que celui qui y fut élève lui-même, qui a recueilli les souvenirs scolaires de ses parents et grands-parents et qui y scolarise ses enfants ; mais personne n'a moins de recul que lui et il en est sans doute le plus aveugle des observateurs, incapable d'en percevoir les particularismes. Le croisement des regards est le meilleur garant de la distanciation.

Pour identifier les spécificités nationales et leur donner sens, nous avons choisi de faire appel à l'expertise de spécialistes d'éducation comparée. La contribution de Maroussia Raveaud, maître de conférences à l'Université du Mans et auteur d'une étude mettant en regard les valeurs et les pratiques des écoles primaires en Angleterre et en France, *De l'enfant au citoyen : la construction de la citoyenneté en France et en Angleterre*, a été déterminante ; qu'elle en soit ici très sincèrement remerciée. Les auteurs réunis grâce à elle pour constituer ce dossier ont tous la particularité d'avoir effectué des travaux comparatifs en s'intéressant non pas aux structures, aux systèmes de formation ou de certification, à telle catégorie de public scolaire ou à tel aspect du pilotage, mais aux gestes professionnels, aux échanges entre élèves et maîtres et aux représentations des uns et des autres quant à l'enseignement et à l'apprentissage.

Le dossier s'ouvre sur un article de Robin Alexander, l'un des grands référents de cette branche de l'éducation comparée. Il évoque ici deux questions, l'une méthodologique, l'autre pédagogique. Pour avoir mené des comparaisons impliquant cinq pays, R. Alexander nous alerte sur la première difficulté rencontrée, celle du vocabulaire de l'éducation : certains mots, parfois sous des aspects presque identiques dans différentes langues (éducation, instruction, pédagogie, didactique etc.) sont porteurs de nuances et de connotations distinctes, fondamentalement culturelles et ne recouvrent pas, d'un pays à l'autre, le même champ. Comment parler de ce que l'on observe sans introduire des biais culturels par le simple fait… d'en parler et de poser sur les observations des mots qui ne sont neutres qu'en apparence ? Tout le dossier doit être lu avec, en mémoire, ces difficultés inhérentes à la mise en mots et à la traduction. Ceci étant, et se situant ensuite au plan pédagogique, R. Alexander analyse la manière dont la parole est utilisée en classe pour enseigner et pour apprendre. Ayant toujours affirmé que la pédagogie ne se réduit pas à une simple technique mais qu'elle est « profondément saturée par les valeurs et l'histoire de la culture dans laquelle elle se situe », il montre comment les divers usages de l'oral révèlent des conceptions de la pédagogie fondamentalement différentes selon les pays.

Lixian Jin et Martin Cortazzi nous invitent ensuite à pénétrer dans des classes, en Chine où des traditions millénaires ont, depuis Confucius, modelé un rapport à l'étude et un type de relations entre le maître et ses élèves qui permettent, aujourd'hui encore, d'organiser un enseignement vivant, y compris avec de lourds effectifs, et de penser la formation des professeurs et des enfants par l'imitation des meilleurs. Leur comparaison des qualités attendues d'un « bon » maître et d'un « bon » étudiant dans des universités chinoises et anglaises confirme l'assise culturelle des comportements observés.

C'est la caméra de Teresa Longo et Thierry Roche qui entre ensuite dans deux classes de fin d'école primaire, en France et en Italie. Nous y partageons la vie quotidienne des élèves : accueil, travail, récréation, évaluation. Le constat est sans appel : ici, on reçoit un enfant, là, un élève. L'histoire aide à proposer des clefs d'interprétation : tradition humaniste ici, scientifique là ; culture catholique ici et aspiration républicaine là…

Les deux articles suivants, de Claire Planel et de Marilyn Osborn, tout en se fondant sur des observations bien distinctes, confirment la spécificité de l'école française, révélée cette fois à travers une comparaison entre l'Angleterre et la France. Alors que l'on s'adapte aux possibilités de chacun et que l'on cherche à valoriser tous les talents en Angleterre, il semble qu'en France l'on mette d'abord chaque élève face au Savoir, élément fondateur, incontournable et identique pour tous. Condorcet inspirerait encore les maîtres français, lui qui justifiait en 1791 la nécessité d'une instruction commune à tous les citoyens en écrivant : « Il suffit au maintien de l'égalité des droits que […] chacun soit assez instruit pour exercer par lui-même et sans se soumettre à la raison d'autrui, ceux dont la loi lui a garanti la jouissance. […] Lorsque la confection des lois, les travaux d'administration, la fonction de juger, deviennent des professions réservées à ceux qui s'y sont préparés par des études propres à chacune, alors on ne peut plus dire qu'il règne une véritable liberté. Il se forme nécessairement dans une nation une espèce d'aristocratie non de talents et de lumières mais de professions. […] Le pays le plus libre est celui où un plus grand nombre de fonctions publiques peuvent être exercés par ceux qui ont reçu une instruction commune. ». On formerait en Angleterre les individus et, en France, les citoyens… Les jeunes professeurs stagiaires anglais et français plongés dans l'autre système s'y sentent étrangers : alors que leurs compétences professionnelles – encore peu établies – ne sont pas en cause, c'est leur identité culturelle que le modèle du voisin atteint, surprend, choque parfois.

Au Danemark, les enfants sont considérés d'abord comme les futurs membres de la communauté et sont éduqués, dans ce but, comme des êtres ouverts aux autres, capables d'écoute et aptes à la recherche de consensus. C'est ainsi du moins, qu'Elizabeth McNess, observatrice étrangère, analyse l'organisation très particulière de l'école de base ; elle explique ainsi le rôle spécifique du *klasselœrer*, professeur responsable d'une même classe sur plusieurs années, la place des parents et l'influence de l'environnement de l'école : tous contribuent à faire de l'école une introduction pratique et vécue à la démocratie.

Nous fermons le dossier avec les élèves russes des années 90. Julian Elliott a effectué des comparaisons entre les adolescents de Russie et leurs congénères anglais ou américains. S'ils obtiennent de meilleurs résultats dans les tests internationaux, c'est tout simplement que les jeunes russes... travaillent, s'engagent dans leurs études et y prennent plaisir ! Reste à analyser pourquoi la société russe sécrète des élèves heureux de s'instruire et de progresser alors qu'en Angleterre ou aux États-Unis, les jeunes considèrent majoritairement que les succès scolaires sont moins valorisants que les succès sportifs et ne leur garantissent même pas l'obtention, à terme, d'un bon *job*...

Chaque auteur, abordant la problématique du dossier à la lumière de ses travaux de recherche, privilégie certains axes d'observation. Ainsi, au fil des articles, diverses facettes de la classe sont étudiées : les représentations des élèves et des professeurs et leurs attentes réciproques, l'organisation de l'espace, les pratiques pédagogiques, les modes d'évaluation, les relations avec les parents et avec les partenaires de l'école, etc. Il est intéressant de constater qu'aucun auteur n'aborde de front la classe par la question centrale : qu'y apprennent donc les élèves ? Des réponses sont toutefois données : la multiplicité des points de vue et celle des systèmes d'éducation étudiés nous permettent, par une lecture croisée, en creux et en relief, de prendre conscience de la diversité des objectifs qui organisent la classe : ici, on y apprend à maîtriser des savoirs ; là, on cherche à développer ses capacités personnelles ; ailleurs, on vise à s'intégrer harmonieusement à la communauté. À l'évidence, les systèmes d'enseignement ne relèvent pas aujourd'hui des mêmes finalités !

L'interrogation de Julian Elliott en conclusion de son article rejoint celle de Marilyn Osborn : pourra-t-on longtemps encore observer ce lien étroit entre les valeurs culturelles et les pratiques pédagogiques ? Ce qui a traversé les siècles, ce que l'histoire de chaque pays a façonné résisteront-ils aux tendances actuelles à l'uniformisation ? Oui, semble dire Marilyn Osborn en évoquant les réformes en cours en France et en Angleterre : les instructions officielles, même si elles convergent, s'incarnent dans des mises en œuvre individuelles ; or chaque acteur, imprégné des valeurs traditionnelles qui l'ont formé, en reste porteur et souhaite inconsciemment les transmettre. Mais on peut imaginer, au contraire, que les pratiques pédagogiques perdront leurs spécificités si, à terme, une véritable culture européenne se fait jour, entraînant avec elle un modèle d'enseignement européen encore à définir ou si la mondialisation de l'économie entraîne peu à peu celle des valeurs.

Depuis quelques décennies, on voit apparaître à travers le monde une culture enfantine et adolescente qui conduit les jeunes à s'habiller à l'identique, à écouter les mêmes musiques, à jouer aux mêmes jeux sur la Toile. Mais lorsqu'ils quittent chaque matin leur statut de jeune pour celui d'élève, les phénomènes de mode auxquels ils adhèrent font place, durant quelques heures, au mode local d'éducation auquel ils sont soumis. Ils retrouvent des pratiques de classe intimement liées aux valeurs culturelles et au génie propre de leur pays. Cela durera-t-il ? Ne négligeons pas dans le futur l'observation experte des classes : nous y apprendrons autant sur notre passé que sur notre probable avenir.

De l'usage de la parole en classe*

Une comparaison internationale

Robin Alexander

Dans l'apprentissage, la parole joue un rôle central

La parole, en classe, a toujours été considérée essentiellement comme un outil d'enseignement efficace. Dans cette optique, les enseignants posent des questions, donnent des explications et des instructions et fournissent une information en retour afin de transmettre des connaissances, d'expliquer et d'explorer des idées, de gérer temps et événements et de permettre aux élèves de savoir s'ils progressent de façon satisfaisante.

Cette vue quelque peu transmissive de la parole n'a cessé de céder du terrain au profit d'une réévaluation de son importance dans l'apprentissage des enfants, répondant à la nécessité qu'a le discours pédagogique de devenir plus authentiquement interactif.

Le langage au cœur du développement humain

Cinq approches du rôle du langage dans le développement humain méritent toute notre attention :

Neuroscientifique : durant les premières années de la vie, la parole a pour rôle essentiel de construire les connexions neuronales du cerveau et d'assurer la pleine capacité de développement nécessaire à l'apprentissage, à la mémoire, aux réactions émotionnelles et au langage lui-même, le tout, sur une échelle qui diminue de manière marquée au fur et à mesure que l'enfant s'approche de l'âge adulte.

Psychologique : le langage et la pensée sont intimement liés. L'apprentissage lors de l'enfance est nécessairement un processus social et interactif : les enfants créent du sens à partir des interactions nées des rencontres nouvelles qu'ils font et de ce qu'ils savent déjà. La parole constitue le pont, ou l'échafaudage, le plus efficace entre les deux.

* Article traduit par Robert Elbaz.

Sociale et culturelle : les êtres humains existent et fonctionnent en entrant en relation les uns avec les autres. C'est dans cet échange avec les autres que les enfants acquièrent le sens de leur propre identité et – ce n'est là pas le moins important – de ce qu'ils peuvent éventuellement devenir, définissant par là même l'ensemble des identités et des visions du monde qui seront amenées à fonder leur culture.

Politique : les compétences interactives qui sont nécessaires à l'apprentissage – le fait d'écouter, de poser des questions et d'y répondre, de présenter et d'évaluer des idées, de débattre de points de vue et de les justifier – sont également essentielles au bon fonctionnement des sociétés démocratiques.

Communicative : ce dernier point est bien sûr le plus évident. La parole est le moyen privilégié qu'ont les humains de communiquer. Les compétences requises pour exprimer et échanger du sens sont de toute première importance dans chacun des aspects de la vie, qu'il s'agisse des relations au sein de la famille ou des transactions sémantiques observées en matière d'éducation et d'emploi, plus formelles et plus publiques.

Le langage au cœur de la culture et de la pédagogie

La pédagogie ne saurait se réduire à une simple technique d'enseignement. Elle est profondément saturée par les valeurs et l'histoire de la culture dans laquelle elle se situe. De tous les outils utilisés pour intervenir culturellement ou pédagogiquement dans le développement et l'apprentissage humains, la parole est celui dont l'usage couvre le champ le plus vaste et dont les possibilités sont les plus étendues. La parole constitue une médiation vitale entre les espaces cognitifs et culturels de l'adulte et de l'enfant, entre l'enseignant et l'apprenant, entre la société et l'individu, entre ce que l'enfant connaît et comprend déjà et ce qu'il lui reste à connaître et à comprendre. Non seulement le langage est la manifestation de la pensée, mais c'est aussi sa structure. Il s'ensuit que l'une des tâches essentielles de tout enseignant est de faire naître des occasions et des rencontres interactives qui génèrent une telle médiation, de manière directe et appropriée.

Cependant, bien que la plupart des éducateurs souscrivent aux grandes lignes de cette argumentation et que les salles de classe soient des endroits où l'on parle beaucoup, la parole – celle qui déclenche les activités cognitives des enfants de manière efficace et durable et qui soutient leur compréhension – est beaucoup moins répandue qu'elle ne le devrait. Bien plus que les apprenants, ce sont les enseignants qui contrôlent ce qui est dit, qui le dit et à qui. Bien plus que les apprenants, ce sont les enseignants qui parlent. Enfin, comme l'ont montré de façon répétée de nombreux chercheurs britanniques et américains, une forme de parole prédomine : le soi-disant « script récité » [2] de questions

2. « *recitation script* » dans le texte original. *(NdT)*.

fermées provenant de l'enseignant, de brèves réponses de rappel et d'informations en retour minimales, qui exigent toutes des enfants qu'ils rapportent la pensée de quelqu'un d'autre plutôt que de penser par et pour eux-mêmes, enfants qui, de plus, sont jugés sur la précision et la docilité dont ils font preuve à cette occasion. « Lorsque la récitation commence », note Martin Nystrand, « la capacité à se souvenir et à deviner supplante la pensée. » (Nystrand *et al.* 1997, p. 6).

Le caractère unilatéral avéré et l'absence de stimulations cognitives de cette forme de parole si répandue dans les salles de classe ont une triple conséquence :

– les enfants n'apprennent sans doute pas aussi rapidement qu'ils le pourraient, tout du moins durant les cours ;

– les enfants ne peuvent sans doute pas développer au mieux les capacités de narration, d'explication et de questionnement nécessaires pour faire la preuve auprès de leurs enseignants de ce qu'ils apprennent et comprennent ou de ce qu'ils ne parviennent pas à apprendre ou à comprendre, ni pour décider de ce qu'ils devraient apprendre ainsi que de la façon dont ils devraient procéder pour ce faire ;

– il se peut que les enseignants confrontés à ces situations soient mal informés de la compréhension en temps réel des élèves et, par là même, soient amenés à perdre l'élément diagnostique indispensable s'ils ne veulent pas voir leur enseignement réduit à un simple tout ou rien car, si les enfants ont besoin de la parole pour obtenir de l'information sur le monde, les enseignants, eux, ont besoin de la parole pour obtenir de l'information sur les enfants.

Une comparaison internationale entre 5 nations

Un modèle générique d'enseignement

J'ai mené une étude comparative approfondie de l'éducation primaire dans cinq pays : l'Angleterre, la France, les États-Unis, la Russie et l'Inde (Alexander 2001). Mon travail sur la parole faisait partie d'une étude tout à la fois macroscopique et microscopique sur trois niveaux – la nation, l'école, la classe –, qui replaçait l'analyse de la pédagogie dans le cadre des hisoires, des politiques et des systèmes éducatifs. Au niveau des écoles, il s'agissait plutôt d'en appréhender les modes d'organisation et les micro-cultures. Enfin, à l'échelle de la classe, l'interaction n'a été que l'un des éléments que nous avons étudiés à l'aide d'un modèle culturellement neutre, embrassant ce que nous avons défini comme ses invariants : l'espace, le mode de regroupement des élèves, le temps et les rythmes, les sujets d'étude, les routines, règles et rituels, les tâches d'apprentissage, les activités pédagogiques, la différentiation entre élèves lors de l'enseignement et enfin l'évaluation par l'enseignant de l'apprentissage (voir le tableau). L'étude s'est appuyée sur des entretiens, sur l'observation de classes étayée par la vidéo et la photographie, et sur l'étude de textes officiels. L'analyse de la parole repose sur plus de cent cours observés et la retranscription de 130 heures de cours filmées.

Dans quelque type de configuration que l'on se trouve, enseigner revient à utiliser une méthode *x* pour permettre aux élèves d'apprendre *y*:

Cadre	Forme	Action
Espace		Tâche
Mode de regroupement des élèves		Activité
Temps	Cours	
Programme		Interaction
Routine, règle et rituel		Jugement

Source : Alexander 2001, p. 325

Les constructions mentales linguistiques et culturelles de l'éducation

Les enquêtes comparatives nous rappellent que la langue de l'éducation ne contient que fort peu d'universaux et que le dialogue pédagogique transculturel est semé d'embûches pour celui qui s'y aventure sans précautions. Par exemple, le terme anglais *education* extrait – *educare* – ce qui se trouve déjà là alors que son équivalent russe, *obrazovanie*, forme quelque chose de nouveau. En français, l'*éducation* est plus proche du russe *vospitanie* que de l'anglais *education* qui, en retour, n'est pas chargé des mêmes sous-entendus de progression morale et culturelle que *vospitanie* ou *éducation*. Le terme anglais *instruction* n'équivaut pas au russe *obuchenie*, pas plus que le français *formation* n'est aussi étroitement instrumental que l'anglais *training*, même si les dictionnaires nous assurent que les mots français et russe sont équivalents. En anglais, *didactic* exprime la désapprobation, habituellement celle que l'on manifeste envers un enseignement démonstratif et péremptoire, ressenti par extension comme autoritaire. Ailleurs, *la didactique* et *die Didaktik* célèbrent de conserve la place que le sujet et ses impératifs conceptuels occupent dans l'enseignement. Le terme anglais *development* fait référence à quelque chose qui survient de façon naturelle, passive, chez l'enfant, alors qu'en russe, il peut également impliquer un agent extérieur, un processus d'intervention par des tiers, avec dans ce cas le verbe utilisé transitivement. *La capacité* et *l'effort*, mots clefs dans le débat sur les facteurs déterminants dans la façon dont les élèves réussissent, ne sont pas, dans les autres langues, les absolus qu'ils semblent être en anglais. Dans notre étude et du point de vue de l'une des cultures, l'enfant le plus capable était considéré comme étant celui qui avait le plus fort potentiel, alors que selon une autre, c'était exactement le contraire, parce que la zone de développement que l'enfant allait traverser ensuite était plus vaste. Quant au terme *intelligence*, qui pèse d'un poids social et éducatif tel qu'il peut stimuler ou handicaper un individu à vie, il désigne des aptitudes fort différentes suivant les cultures.

Dans la tradition anglo-américaine, ces différents termes dérivent plutôt vers une « ligne naturelle » de développement et sont plus fatalistes et déterministes, alors qu'en français, en russe et en espagnol, ils suggèrent davantage une « ligne culturelle », une aptitude humaine à l'amélioration ainsi qu'une intervention extérieure dans l'apprentissage humain. Ces nuances terminologiques ne sont pas seulement scolaires. De manière subtile et cependant profonde, elles peuvent influencer la façon dont les enseignants perçoivent les enfants comme apprenants ainsi que la vision qu'ils ont de leur propre tâche d'éducateurs (Alexander 1984).

Des valeurs à la pédagogie

La place de la parole dans les programmes

Ces sables mouvants terminologiques bien présents à l'esprit, considérons par exemple la place dévolue à la parole dans les programmes. D'un côté de la Manche, nous avons la définition anglaise traditionnelle et inchangée des « fondamentaux » éducatifs : lire, écrire, compter – mais pas, et c'est révélateur, parler. De l'autre, les écoles françaises célèbrent la primauté du Verbe. Ici, la littéracie. Là, le langage. De plus, alors que la littéracie est définie en Angleterre comme une « compétence fondamentale », elle reflète en France tout un tissu de liens solides faits de compétences linguistiques, de connaissances littéraires, de valeurs républicaines et de vertus civiques. Par là même, le citoyen devient celui ou celle qui parle, qui raisonne et qui débat sur la base d'une éducation au sens le plus large du terme, et non celui ou celle qui lit et qui écrit de façon acceptable et qui, sans se poser de question, tient pour certaine l'affirmation selon laquelle la Grande-Bretagne est une démocratie.

Trois formes de relations humaines

De la même façon, *quid* de la place de la parole dans l'enseignement ? Une fois de plus, nous devons tenir le plus grand compte des valeurs. Les preuves que nous avons rassemblées à l'échelle internationale nous indiquent comment, que ce soit dans le domaine plus large de l'éducation ou dans celui, plus spécifique, de l'enseignement, les idées sur la façon dont les gens devraient entrer en relation les uns avec les autres sont capitales. Dans le cadre de cette comparaison entre cinq nations, les enseignants ont tracé, structuré et mis en œuvre un chemin incertain entre trois variantes possibles des relations humaines : l'individualisme, la communauté et le collectivisme.

L'individualisme place le moi au dessus des autres et fait passer les droits de la personne avant les responsabilités collectives. Il met l'accent sur la liberté absolue d'action et de pensée.

La communauté se centre sur l'interdépendance humaine, sur la prise en compte des autres, sur le partage et la collaboration.

Le collectivisme met également l'accent sur l'interdépendance humaine, mais seulement dans la mesure où elle sert les besoins plus larges de la société ou de l'état en général (les deux termes ne recouvrent pas la même réalité).

Dans les classes que nous avons observées, l'attachement à l'individualisme se manifestait dans la différentiation intellectuelle ou sociale, les résultats plus divergents que convergents des processus d'apprentissage ou enfin dans la vision du savoir considéré comme personnel et unique plutôt qu'imposé d'en haut sous la forme de disciplines ou de matières. L'idée de communauté se voyait concrétisée sous la forme de tâches d'apprentissage menées en collaboration, souvent par petits groupes, dans le souci de chacun et le partage plutôt que dans la compétition, mettant ainsi l'accent sur l'affectif plutôt que sur le cognitif. Le collectivisme, lui, était patent dans le savoir et les idéaux communs, dans le programme unique pour tous, dans la primauté de la culture nationale sur le pluralisme ou la multiculture et enfin dans l'apprentissage collectif plutôt que de façon isolée ou par petits groupes.

Ces valeurs sont omniprésentes à l'échelle de la nation, de l'école et de la classe. L'individualisme, la communauté et le collectivisme – ou l'enfant, le groupe et la classe – sont les nœuds organisationnels de la pédagogie, non seulement pour des raisons d'exigence pratique mais parce qu'il s'agit bien des nœuds sociaux et politiques constitutifs de toute relation humaine. Ces différences retentissent profondément en classe sur la dynamique et le mode de communication de la parole. Si, comme enseignant, vous disposez les bureaux en U ou en carré de façon à ce que chaque enfant puisse voir les autres et puisse interagir avec eux comme avec vous-même et si vous vous tenez parmi eux plutôt qu'à l'écart, vous faites alors naître une parole très différente, et donc une relation très différente, de celle qui se manifeste en disposant les bureaux de façon séparée, en rangées faisant toutes face au tableau, où chaque enfant peut établir un contact visuel avec l'enseignant mais pas avec ses camarades et où l'enseignant se tient debout alors que les élèves sont assis.

Six visions de l'enseignement

Outre ces trois valeurs relationnelles, un second ensemble de valeurs a émergé de nos données. Là où l'individualisme, la communauté et le collectivisme commencent avec la relation de chaque individu avec la société et avec les autres pour se diffuser de ce point de départ jusque dans la salle de classe, les six valeurs pédagogiques suivantes trouvent leur origine dans les buts de toute éducation, dans la nature même des savoirs et dans la relation entre l'enseignant et l'apprenant.

L'enseignement comme transmission considère l'éducation avant tout comme un processus consistant à apprendre aux enfants à absorber, à reproduire et à appliquer des informations et des compétences fondamentales.

L'enseignement comme initiation considère l'éducation comme le moyen de donner accès au stock culturel de savoirs nobles, par exemple la littérature, les humanités et les sciences, et à en assurer la transmission d'une génération à l'autre.

L'enseignement comme négociation reflète le concept deweyen [3] selon lequel les enseignants et les élèves créent ensemble du savoir et du sens plutôt que de se considérer comme source de savoir faisant autorité d'une part et comme récepteur passif de l'autre.

L'enseignement comme facilitation guide l'enseignant à l'aide de principes qui sont plus développementaux (et plus particulièrement piagétiens) que culturels ou épistémologiques. L'enseignant respecte et cultive les différences individuelles et attend que les enfants soient prêts à avancer au lieu de les y contraindre.

L'enseignement comme accélération, par contraste, met en œuvre le principe vygotskien [4] selon lequel l'éducation est une acculturation planifiée et guidée bien plus qu'un développement « naturel » facilité et qu'en vérité l'enseignant cherche davantage à anticiper ce développement plutôt qu'à l'accompagner.

L'enseignement comme technique, enfin, adopte une position relativement neutre quant à la société, le savoir et l'enfant. Ici, la question primordiale est l'efficacité de l'enseignement indépendamment du contexte de valeurs et, à cet effet, les impératifs que constituent les structures, la bonne gestion de l'utilisation du temps et de l'espace, les tâches soigneusement graduées, l'évaluation régulière et l'information en retour claire sont plus importantes que la réflexion sur la démocratie, l'autonomie, le développement ou les disciplines.

Hybridation pédagogique et ambiguïté culturelle

Penser la pédagogie à partir de ces typologies de systèmes de valeurs permet d'éviter la tendance à lire la pédagogie en termes de dichotomies simplistes : didactique/exploratoire, traditionnel/progressiste, formel/informel, énoncer/découvrir (et, pour ce dernier, égocentrique/socio-centrique). De plus,

3. John Dewey (1859-1952) est un philosophe américain spécialisé en psychologie appliquée et en pédagogie, initiateur du « *learning by doing* » (apprendre par l'action). *(NdT)*.

4. Lev Vygotski (1896-1934) est un psychologue russe connu pour ses recherches en psychologie du développement et sa théorie historico-culturelle du psychisme. *(NdT)*.

ces systèmes offrent une idée alternative (et historiquement plus adaptée) de la stratification, de l'hybridation et, à la vérité, de la contradiction inhérentes à toute pédagogie. Ainsi, l'éducation primaire anglaise se comprend mieux lorsqu'on l'envisage non pas comme un pendule qui oscillerait sans cesse entre le traditionnel et le progressiste mais comme un amalgame complexe et instable : un fond d'éducation élémentaire de masse issue du XIXe siècle (le système d'enseignement « bon marché mais efficace », où prédominent dans les programmes les fondamentaux : lire, écrire, compter) ; le contrecoup progressiste des années soixante (« l'enfant vu dans sa globalité », les petits groupes, l'affectivité, l'environnement visuel, la résistance à l'hégémonie des fondamentaux) ; en même temps que la rubrique néo-élémentaire actuelle des stratégies définies dans les référentiels mis en place par le gouvernement britannique en matière de littéracie et de numéracie. Certes, reflétant en cela les tendances et les préoccupations culturelles plus larges, l'une de ces trois composantes se fera plus présente, à un moment quelconque, mais les autres sont comme stratifiées dans la conscience collective et continuent d'exercer leur influence. Ainsi, l'éducation de base indienne contient-elle les résidus simultanés de la relation guru-disciple de l'héritage brahmanique et de ses échanges pédagogiques ritualisés, de l'éducation élémentaire victorienne et coloniale et de l'accent qu'elle met sur les trois compétences fondamentales et le par cœur, et enfin, après l'indépendance, la résistance gandhienne aux deux tendances précitées. De même, la pédagogie russe n'est pas simplement une pédagogie soviétique purgée de son idéologie, mais un amalgame de traditions soviétiques, tsaristes et d'Europe centrale dans lesquelles les héritages contrastés de Komensky (Comenius) [5] et Vygostki sont tout aussi apparents que ceux de l'ère soviétique et de l'autocratie pré-soviétique, le tout finement recouvert du vernis des réformes gouvernementales récentes mettant l'accent sur l'« humanisation » et l'« individualisation ».

Cette hybridation de la pédagogie signifie également que les tensions et les ambiguïtés de la vie en classe peuvent être comprises comme historiquement inévitables plutôt que, d'une certaine manière, comme une aberration ou une défaillance de l'enseignant. Cela n'a été nulle part plus prononcé que dans les classes américaines, où nous avons découvert des enseignants tentant de réconcilier l'accomplissement individuel et l'adhésion plus large au bien commun ; le partage, le souci de l'autre et l'esprit de compétition agressif qui vous pousse à vaincre à tout prix ; l'environnementalisme et le matérialisme ; enfin, l'élan vers les autres et le repli sur soi. Ces tensions ne reflétaient pas seulement un manque de consensus professionnel en matière de « bonnes pratiques » mais aussi, de manière plus profonde, les complexités et les tensions non résolues de la culture américaine.

5. Comenius (né Jan Amos Komenský, 1592-1670) fut un philosophe, grammairien et pédagogue tchèque. Il s'occupa toute sa vie de perfectionner les méthodes d'instruction. *(NdT).*

Les systèmes de valeurs et la parole en classe

Quel rapport tout cela entretient-il avec la parole en classe? Eh bien, l'ambiance collective des salles de classe russes et françaises et le modèle dominant, celui de cours destinés à l'ensemble de la classe, sont encore renforcés par la nature collective et très publique des échanges entre enseignant et élèves: on attend des élèves qu'ils s'expriment à haute et intelligible voix, de manière expressive, chose qu'ils apprennent à faire dès leur plus jeune âge. De plus, parce que la transmission des savoirs et l'initiation culturelle sont toutes deux des visées éducatives explicites, les registres et lexiques distinctifs des différentes matières sont appliqués de manière ferme, cohérente et permanente, si bien que la langue n'est pas moins régie par des règles que le comportement personnel.

Par contraste, dans beaucoup de salles de classe américaines, l'antipathie pour l'enseignement de transmission a conduit à faire de l'interaction un mode de questionnement incessant, que celui-ci soit approprié à la situation ou non. Dans l'ensemble, la parole revêt le ton et l'ambiance de la conversation:

> Un enseignant américain: « Allez les enfants, accrochez-vous, c'est un peu difficile mais vous pouvez y arriver. Vous pourrez réessayer, OK, alors ne revenez pas en arrière. Bon, eh bien. On va aider Jacob pour cette dernière page. Page 20. Oh, on n'a pas fait la page 23. Bon d'accord, page 23. Rebecca, tu veux bien lire? Je crois que je vais faire l'impasse sur quelques-uns d'entre vous et continuer, comme ça on pourra sortir à temps pour la récréation. Rebecca, s'il te plaît, lis les consignes en haut de la page. Lamar, assieds-toi, s'il te plaît. Je viens te voir, promis. » (Michigan)

Ce discours informel en forme de conversation, tenu dans la salle de classe, utilisé lors de nombreux cours dans le Michigan et au Royaume-Uni, tend à recourir à des énoncés plus longs ainsi qu'à beaucoup plus de pauses et de changements de direction que ne le font les séquences d'échange nets, succincts et hautement contrôlés des consignes directes classiques:

> Un enseignant russe: « Exact. Maintenant, est-ce que quelqu'un peut me dire ce qu'est un préfixe? Regardez attentivement dans vos livres, trouvez la réponse et donnez-la-moi. Barantsva, qu'est-ce qu'un préfixe? » (Moscou)

Et pourtant, ce que nous avons enregistré était-il vraiment des conversations? Souvent, dans l'enseignement tel qu'il est conçu aux États-Unis et en Angleterre, des questions apparemment ouvertes et une conversation nourrie masquaient un agenda essentiellement fermé, car seules certaines réponses étaient acceptées et les enseignants continuaient de poser ou de paraphraser leurs propres questions et de donner la réplique, voire même de prononcer les réponses exigées, jusqu'à ce que celles-ci finissent par émerger:

> L'enseignante: Par où vas-tu commencer?
> L'élève: Ça pourrait être un problème de multiplication?
> L'enseignante: Je ne sais pas. Qu'est-ce que tu en penses? (Michigan)

Il est clair que l'enseignante savait. Qui plus est, l'élève avait déjà formulé l'hypothèse que la résolution du problème mathématique en question exigeait une multiplication. Il n'était nullement nécessaire de lui demander ce qu'elle en pensait. Pourtant, l'enseignante n'a pas souhaité prendre position, comme un enseignant français ou russe l'aurait fait, si bien que dans ce cas, « je ne sais pas » signifiait : « non, ce n'est pas un problème de multiplication », alors que « qu'en penses-tu ? » signifiait « essaie à nouveau ». Une question amenait une autre question, formant une séquence qui, en théorie, aurait pu durer beaucoup plus longtemps. Par contraste, l'ambiance dans les salles de classe françaises était beaucoup plus directe et honnête. Certes, le ton de l'échange pouvait être celui de la conversation, mais en aucun cas le contrôle ferme de l'enseignant ne se relâchait et les référents particuliers au point abordé restaient sur les rails épistémiques qu'ils devaient emprunter. Là, l'induction dans les disciplines[6] demeurait centrale.

Conversation ou dialogue

Ainsi, les questions critiques concernent moins le ton du discours que sa signification et sa finalité. J'aimerais suggérer une distinction qu'il conviendrait de faire dans le cadre de la salle de classe entre « conversation » et « dialogue », distinction qui me paraît nécessaire puisque la plupart des dictionnaires les considèrent comme des synonymes. Alors que le but final d'une conversation peut ne pas être clair au début, ce même but final l'est le plus souvent dans le cadre du dialogue en classe, tout au moins pour l'enseignant. Alors que la conversation est souvent composée d'une séquence d'échanges bipartites détachés les uns des autres, le dialogue en classe cherche de manière explicite à rendre l'attention et l'engagement obligatoires et à enchaîner ces échanges pour former un tout cohérent.

L'une des lignes de démarcation les plus significatives qui se sont établies dans les données dont nous disposons en matière de discours à l'échelle internationale est celle que nous avons constatée entre ces questions et ces réponses qui, reliées les unes aux autres, formaient des séquences cohérentes et cognitivement exigeantes, et celles qui étaient bloquées, que ce soit (i) par l'échange répétitif stimulus-réponse induit par le par cœur (comme c'est le cas dans de nombreuses classes indiennes) ; (ii) par les ambiguïtés et les errances induites par la quasi-conversation (comme c'est fréquemment le cas aux États-Unis) ; (iii) par l'accent mis sur la participation, aux dépends de l'engagement et de la continuité thématique (comme on peut l'observer en Angleterre) ; (iv) ou enfin par les séquences de type stimulus-réponse-information en retour, dans lesquelles le stimulus initial de chaque échange n'était que rarement corrélé à la réponse et à l'information en retour de l'échange qui avait précédé.

6. En français et en italiques dans le texte. *(NdT)*.

Les chercheurs anglo-américains ont constaté que le rapport de forces déséquilibré entre enseignants et élèves conduit les élèves à développer des compétences communicatives fondées essentiellement sur l'écoute et la recherche de la « bonne » réponse. En fait, une grande partie des formes d'interaction dont j'ai été témoin dans les classes primaires anglaises ne relevaient ni de la conversation, ni du dialogue. Ainsi :

– les interactions avaient tendance à être brèves plutôt que longues, et les enseignants passaient rapidement d'un enfant à l'autre afin d'obtenir une participation maximale, ou passaient d'une question à l'autre dans le but de maintenir un certain rythme, plutôt que des lignes de réflexion et de compréhension incrémentielles développées et étalées dans le temps ;

– les enseignants posaient des questions à propos du contenu mais les questions des enfants se voyaient réduites à des points de procédure ;

– les questions fermées étaient les plus nombreuses ;

– les enfants se concentraient sur l'identification des réponses correctes et les enseignants passaient sur les « mauvaises » réponses au lieu de les utiliser comme des tremplins vers une meilleure compréhension ;

– il n'y avait que fort peu d'exemples de parole spéculative, appelée aussi « penser tout haut » ;

– le fait que les questions étaient – pour reprendre les termes de Nystrand – des « questions-tests » et non des questions « authentiques » (Nystrand *et al.*, 1997) se voyait encore plus clairement démontré par la façon dont les enseignants donnaient aux enfants le temps de se souvenir mais beaucoup moins fréquemment celui de réfléchir ;

– la réponse donnée par l'enfant marquait la fin de l'échange, et l'information en retour donnée par l'enseignant le refermait ;

– cette information en retour tendait à encourager et à féliciter plutôt qu'à informer, auquel cas le potentiel cognitif de l'échange était réduit à néant.

Toutefois cette forme de communication n'a rien d'universel ni d'inévitable et peut être remplacée par une forme de dialogue authentique. De nouveau, la France et la Russie fournissent des contrepoints intéressants. La tradition anglaise met l'accent sur l'importance de l'égalité dans la répartition du temps et de l'attention que l'enseignant attribue à chacun et sur la participation de tous lors des phases orales de chaque cours. Si bien que, avec un seul enseignant et vingt ou trente élèves par classe, il est inévitable que les enchères dans la compétition pour participer, les aptitudes développées au petit jeu du « devinez à quoi pense le prof ? » et, par-dessus tout, la quête permanente de la « bonne » réponse deviennent essentielles à la survie scolaire de l'élève. Bien au contraire, lors des nombreux cours auxquels nous avons assisté en Russie, seule une partie des élèves étaient censée apporter leur contribution orale à un cours donné. Là, au lieu de susciter une succession de réponses brèves à la « c'est maintenant où jamais » de la part de nombreux élèves, l'enseignant construit une séquence faite d'échanges bien plus longs qui font intervenir un nombre plus limité d'élèves. Parce que l'atmosphère est plus collective qu'individualisée ou que collaborative, l'enfant s'adresse tout autant à la classe qu'à l'enseignant et, d'une certaine manière, agit à la fois comme représentant de la classe et comme individu. Certes, cela réduit les aptitudes développées par le jeu communicatif mais – et c'est un élément d'une importance cruciale –, cela constitue sans doute aussi un outil d'apprentissage bien plus puissant. Enfin, parce que le temps ainsi dégagé permet de faire autre chose que donner la « bonne » réponse comme un perroquet, la parole est bien plus susceptible de sonder la pensée de l'enfant si bien qu'il est fréquent de voir dans un tel contexte des enfants passer au tableau et expliquer la façon dont ils ont trouvé la solution à un problème, tandis que les autres écoutent, regardent et apprennent – bien que ce ne soit naturellement pas toujours le cas.

De telles différences soulèvent une question importante. À partir de quel schéma d'échanges en classe les enfants apprennent-ils le mieux : un questionnement impliquant de nombreux enfants, des réponses courtes et une exploitation limitée, ou des questions destinées à un nombre plus restreint d'enfants, invitant à produire des réponses plus développées et plus réfléchies qui, à leur tour, amènent d'autres questions ? Dans le premier scénario, les enfants lèvent le doigt pour participer chacun leur tour s'ils connaissent la réponse ou évitent de se faire interroger s'ils ne la connaissent pas. Dans le second, ils s'écoutent les uns les autres. Dans l'approche anglaise, la compétence communicationnelle est définie par le fait que, si l'on vous sollicite ou si vous vous désignez spontanément, vous fournissez la réponse que l'enseignant estime acceptable ou pertinente. Dans l'approche alternative, bien plus que par le fait d'avoir donné la « bonne » réponse, cette même compétence communicationnelle se voit évaluée par la façon dont vous gérez l'ensemble de la transaction, par la manière dont cette réponse a été donnée – clarté, cohérence, pertinence –, ainsi que par sa substance.

Pour conclure, j'avancerais que l'enseignement qui offre les meilleures opportunités pour que les enfants développent des formes d'expression, d'interaction et de modes de pensée variés se caractérise par les cinq critères suivants :

Il est collectif : les enseignants et les enfants mènent les différentes tâches d'apprentissage ensemble, que ce soit par groupes ou en classe entière.

Il est réciproque : les enseignants et les enfants s'écoutent les uns les autres, échangent des idées et envisagent des points de vue alternatifs.

Il est encourageant : les enfants développent leurs idées librement, sans craindre la gêne provoquée par une « mauvaise » réponse et s'entraident afin de parvenir à une compréhension collective véritable.

Il est cumulatif: les enseignants et les enfants construisent à partir de leurs propres idées comme à partir de celles des autres, qu'ils combinent pour créer des lignes de pensée et de réflexion cohérentes.

Il a une finalité: les enseignant planifient et dirigent la parole dans la classe avec des objectifs éducatifs bien définis en tête.

Pour faire émerger les conditions d'enseignement qui favorisent de telles formes de communication, il est nécessaire de se pencher sur les diverses situations organisationnelles que sont la classe entière, les petits groupes et le travail individuel. Mais, au-delà, il convient de mobiliser les divers éléments du cadre conceptuel proposé plus haut, à savoir l'espace, le temps, le mode de regroupement des élèves, la structure des leçons, l'évaluation, etc. (Alexander 2005). Trop de travaux relatifs à l'interaction en classe se sont focalisés sur la seule parole, sans percevoir comment celle-ci était tout à la fois structurée et contrainte par ces autres aspects de l'enseignement (quand ce n'est pas tout simplement par la culture). Notre approche encourage les enseignants à penser, à planifier et à agir de manière plus globale.

Bibliographie

ALEXANDER R.J. (1984) : *Primary Teaching*, London: Casell.

ALEXANDER R.J. (2001) : *Culture and Pedagogy: international comparisons in primary education*, Oxford: Blackwell.

ALEXANDER R.J. (2008) : Towards Dialogic Teaching: rethinking classroom talk (4th edition), York: Dialogos.

NYSTRAND M., GAMORAN A., KACHUR R. and PRENDERGAST C. (1997) : Opening Dialogue: understanding the dynamics of language and learning in the English classroom, New York: Teachers College Press.

Culture et valeurs dans les classes chinoises*

Lixian Jin
Martin Cortazzi

Dans cet article, nous examinons quelques valeurs culturelles chinoises présentes dans la culture scolaire comme dans les interactions de classe et nous étudions les représentations que les élèves chinois ont des enseignants et de l'apprentissage. Nous prêtons une attention particulière aux valeurs prônées par le système éducatif, en étudiant ce que les élèves attendent des enseignants et ce qu'ils entendent par apprenant et par apprentissage. Nous considérons, dans un premier temps, le contexte national et son évolution récente.

La classe chinoise et son contexte

Le système éducatif chinois est le plus grand qui soit : il compte environ 20 % des élèves et étudiants du monde. Si on le compare à celui des pays européens, les chiffres sont impressionnants : la population chinoise continentale, de 1,336 milliard d'habitants, inclut plus de 13 millions d'enfants au niveau préscolaire (de 2 à 6 ans), 108 millions d'enfants au niveau primaire (de 7 à 11 ans), 62 millions d'élèves au niveau collège (de 12 à 15 ans) et 24 millions d'élèves en lycée (de 15 à 18 ans), sans compter près de 24 millions d'étudiants à l'université, secteur qui s'est fortement développé depuis 1999.

Le poids de la tradition

La Chine possède aussi l'un des plus anciens systèmes éducatifs : Confucius (551-479 av J.C., connu comme le premier Maître, l'Éducateur) a institué une tradition éducative qui a évolué en un système d'écoles gouvernementales, d'académies et d'universités à partir du XIXe siècle, sans interruption – et avec un curriculum d'une stabilité surprenante – jusqu'au XXe siècle. Ce système était organisé autour de l'étude des textes confucéens et d'examens locaux, régionaux ou nationaux. Il a profondément ancré les valeurs d'apprentissage, d'effort et d'étude personnels, de développement de soi, de morale et

* Article traduit par Valérie Téhio.

d'humanité. Aujourd'hui encore, le grand engagement de beaucoup de parents pour l'éducation de leurs enfants en témoigne ; le développement des écoles privées, les cours particuliers ou l'engouement pour l'apprentissage, hors de l'école, des langues étrangères (surtout l'anglais), de la musique et des sports, en donnent, depuis 2003, une illustration.

Depuis 1949 et jusqu'à ces récentes années (exception faite de l'interruption générale de l'école et de la fermeture des universités durant la révolution culturelle, entre 1966 et 1976), les écoles de la Chine moderne ont montré une grande stabilité ; cela est dû à la formation des enseignants, à l'utilisation de manuels nationaux et aux pratiques de classes principalement centrées sur l'enseignant et sur l'écrit. Pendant les années 90 et aujourd'hui encore, on peut observer dans les écoles des leçons de quarante-cinq minutes caractérisées par les mêmes modalités d'interaction, quelles que soient les disciplines enseignées : les enseignants présentent et expliquent formellement les sujets, organisent avec la classe entière des sessions de questions-réponses, utilisent des moyens particuliers pour permettre aux élèves d'utiliser et d'appliquer des concepts ou des compétences, puis font réviser. On peut observer des cours d'écriture chinoise qui suivent tous le même schéma : l'enseignant donne un modèle, l'enfant calque, copie, imite et mémorise les caractères écrits. Les enfants tiennent souvent le même manuel, de la même manière, ouvert à la même page, le lisant en chœur à voix haute. Il s'agit là essentiellement d'un modèle d'apprentissage mimétique de transmission du savoir par le maître.

Cette similarité dans les pratiques de classe est renforcée par la coopération entre enseignants. Habituellement, les enseignants d'une même discipline préparent une série de leçons ensemble ; ils partagent leurs méthodes pour expliquer des concepts ou leurs stratégies les plus efficaces pour faire pratiquer et réviser des savoirs particuliers. La formation continue des enseignants se fait largement grâce à l'observation des pairs : les bons enseignants reçoivent des récompenses et des titres pour la grande qualité de leur enseignement et ils proposent des cours modèles devant les enseignants des écoles d'une région. Ainsi, les enseignants, tout comme leurs élèves, apprennent à partir de modèles. Ce trait caractéristique a d'autant plus de sens que des effectifs de quarante élèves par classe sont courants dans le primaire, de même que cinquante élèves ou plus ne sont pas rares dans les collèges (où certains enseignants utilisent des micros pour préserver leur voix). La taille des classes pourrait, en principe, être réduite mais sans pour autant changer le nombre total d'élèves par enseignant ; cela augmenterait le nombre d'heures de cours, donc la charge de travail individuelle des enseignants, et réduirait le temps disponible pour la préparation des cours et la correction des travaux écrits des élèves (les enseignants du secondaire ont des piles énormes de devoirs à corriger) ; la réduction des effectifs par classe rendrait ainsi les cours moins efficaces.

Quelques facteurs de diversité

Cette uniformité, toutefois, est compensée par trois formes de diversité. Tout d'abord, la diversité de population. Alors que 92 % de la population sont des Han, il existe 56 minorités ethniques reconnues qui parlent plus de 80 langues : elles sont surtout présentes dans les régions du sud-ouest et dans des provinces autonomes comme le Xinjiang et le Tibet, où un nombre croissant d'écoles proposent une éducation bilingue. Toutefois, comparées à la diversité multiethnique et multiculturelle des écoles européennes, les écoles chinoises apparaissent plutôt homogènes.

Ensuite, il existe une diversité propre aux différences de croissance économique entre les différentes régions de Chine et aux mouvements de population à l'intérieur du pays. Ainsi, les écoles urbaines et de l'est du pays sont globalement mieux dotées que les écoles rurales ou de l'ouest du pays. Certaines écoles urbaines accueillent beaucoup d'enfants de migrants venus des zones rurales de l'intérieur de la Chine (sans que cela soit néanmoins comparable avec l'accroissement récent des enfants de migrants d'Europe de l'Est en Angleterre, par exemple).

Enfin, de récentes réformes et évolutions curriculaires au niveau national, en 2001, ont mis l'accent sur la différenciation possible entre établissements en fonction de contextes locaux, et sur une politique d'utilisation des nouvelles technologies au service de l'apprentissage individuel et de l'étude personnelle. Ces évolutions visent une « éducation de qualité », avec une approche plus centrée sur l'apprenant et moins orientée vers les examens. On peut comprendre combien elles remettent en question les pratiques de certains enseignants, notamment dans les zones rurales : les nouvelles approches promeuvent le développement de compétences réflexives, la résolution de problèmes, une participation orale plus active, un travail plus collaboratif, et le renforcement de la créativité. Il devient ainsi possible de voir, dans des classes de primaire et souvent de collège, au lieu des approches centrées sur l'enseignant, des élèves qui travaillent effectivement par deux – et parfois en groupes – sur des exercices basés sur l'écrit mais qui peuvent inclure un apprentissage par résolution de problème.

Dans les cours d'anglais, par exemple, cette réforme entend développer principalement les compétences orales et une connaissance interculturelle plus large, ce qui contraste avec l'accent traditionnellement mis sur la grammaire, le vocabulaire et les cinq compétences (la traduction, la lecture, la compréhension orale, l'expression écrite et orale, plus ou moins dans cet ordre). Le nouveau programme d'anglais au niveau collège (ministère de l'Éducation 2007), important car la plupart des étudiants doivent valider des niveaux de langue anglaise pour intégrer l'université, tend à développer les stratégies d'apprentissage des élèves et leur capacité à étudier de manière indépendante, à travers un apprentissage « individualisé et autonome ». Il s'agit d'un changement important dans une culture qui est encore largement connue pour son insistance sur le collectif et où les individus doivent se plier aux normes sociales et éducatives dominantes, éventuellement en se sacrifiant personnellement dans l'intérêt de la société. Cette transition vers des valeurs individuelles ne néglige pas pour autant les valeurs sociales de citoyenneté et elle participe du processus d'individualisation que connaît la société chinoise. Elle correspond également au développement de l'apprentissage par ordinateur (en opposition à l'apprentissage en classe) qui est promu pour favoriser l'auto apprentissage, la compréhension orale, l'expression orale et la lecture (moins pour l'expression écrite et la traduction) dans l'enseignement de l'anglais. Ainsi, les élèves développent des compétences informatiques en anglais et l'on pallie le fait que les ressources humaines sont relativement limitées au regard de l'accroissement important du nombre d'étudiants à l'université.

LES INTERACTIONS EN CLASSE

Des activités centrées sur l'enseignant

Les visites de classe permettent d'affirmer que l'éducation chinoise est, pour sa plus grande part, centrée sur l'enseignant et sur l'écrit. Nous avons observé et étudié, à l'aide d'enregistrements vidéo, la façon dont les enseignants amènent les élèves à participer, y compris dans des classes très nombreuses. Traditionnellement, quand un enseignant chinois travaille un texte, il procède de la façon suivante :

– il lit ou explique le texte aux élèves qui écoutent ;

– il invite quelques élèves de lire le texte à haute voix, chacun son tour ;

– il demande à toute la classe de lire en chœur ;

– il choisit quelques élèves (par exemple, ceux qui sont assis sur un même rang) pour qu'ils lisent ensemble, pendant que les autres écoutent et attendent leur tour ;

– il demande à tous les élèves de lire en silence, à leur rythme ;

– il fait répondre à des questions écrites sur des mots, des points de grammaire, ou sur le contenu du texte et demande à certains de lire leurs réponses à haute voix à toute la classe.

Ces différentes interactions lors de l'étude de textes peuvent être réalisées lors de séquences rapides, entrecoupées de questions de l'enseignant à des élèves ou d'explications ponctuelles des élèves. Cette méthode formelle, centrée sur l'enseignant, peut sembler donner un rôle passif aux élèves. Cependant, les exemples suivants de cours de chinois révèlent un fort engagement cognitif de la part des élèves : ils apparaissent très concentrés et certains, de façon surprenante, participent activement et abondamment à l'oral (Cortazzi et Jin 2001).

Exemple 1

L'enseignante d'une classe de 56 élèves de 8 et 9 ans travaille sur un texte et réussit, pendant les 25 premières minutes du cours, à faire lire à haute voix 12 élèves, à faire réciter des extraits du texte à trois élèves, pendant que sept autres répondent à des questions et que 21 expliquent le sens de certains mots ou de phrases. Ensuite, la classe entière lit cinq paragraphes du texte en chœur. L'enseignante lit elle-même le texte deux fois, donne trois explications et fait quatre commentaires à propos d'explications données par des élèves.

Exemple 2

Une autre enseignante, ayant une classe de 64 élèves de 6 à 7 ans, étudie un texte, fait poser des questions, donner des explications et des exemples à 53 élèves, et organise 34 brèves séquences de réponse de la classe entière en chœur pour confirmer des réponses individuelles, permettre aux élèves de se corriger mutuellement ou pour donner des réponses collectives à l'enseignante. De plus, elle lit le texte en entier elle-même, relit un paragraphe et explique la structure de différents mots chinois, le tout en 21 minutes.

Exemple 3

Une troisième enseignante, dans une classe de 50 élèves de 9 à 10 ans, organise des séries structurées d'activités très rapides, incluant du travail par deux ou en groupe.

– L'enseignante introduit le thème du texte « Il n'y a qu'une seule terre ».
– Elle demande à quelques élèves de se lever et de lire un caractère chinois ou un mot tout haut dans le livre (2 minutes).
– Elle pose des questions : quelques élèves répondent et elle donne une explication complémentaire (1 minute).
– Elle donne une courte tâche d'écriture : quelques élèves écrivent sur de petites cartes, d'autres dans leur livre ; l'enseignante encourage, ramasse les cartes, les place au tableau pendant que la classe finit d'écrire (3 minutes).
– Elle lit les exemples qui sont au tableau et pose une question (1 minute).
– L'enseignante demande aux élèves de discuter une question complémentaire par deux ; elle demande à ceux qui ont fini d'écrire leur réponse au tableau (1 minute).
– Elle poursuit la séance de questions « D'autres réponses ? Pourquoi ? » Les élèves se lèvent pour lire leur réponse dans leur cahier ; elle demande à la classe de confirmer les réponses (1 minute).
– Les élèves lisent une section du livre à haute voix, un par un (1 minute) :
– L'enseignante demande aux élèves de poursuivre la discussion par groupe de quatre (certains se retournent pour faire face à ceux qui sont assis derrière eux).
– Elle demande à des rapporteurs de rendre compte de leurs discussions à l'ensemble de la classe : elle donne des encouragements et fait des commentaires (2 minutes).
– L'enseignante demande à nouveau aux élèves de lire un passage du texte à haute voix, chacun à son tour (1 minute).
– Elle demande aux élèves de se lire mutuellement le texte par groupe de deux (1 minute) ;

– Elle demande à un élève de se lever et de lire pour toute la classe (1 minute).
– Elle pose des questions sur le texte; différents élèves se lèvent et répondent à partir du texte (1 minute).
– L'enseignante met un morceau de musique et demande aux élèves de lire le texte entier en chœur en suivant le rythme de la musique (2 minutes).

Ces enseignantes ont une approche très disciplinée, bien organisée, préparée, et pensée. Elles ont des attentes très élevées et ne font pas beaucoup de louanges. Les élèves sont très attentifs. Ils ont été entraînés à écouter, à rester assis et concentrés, à répondre rapidement à des séquences rapides d'activités courtes et d'échanges oraux très brefs. Ils sont bien distribués dans la classe, ce qui permet à chacun de prendre part aux activités. Les moments de transition entre une activité et une autre sont quasi inexistants car les tâches sont brèves, claires et bien identifiées et les élèves réagissent rapidement. Nous appelons cette approche « l'apprentissage d'élèves entraînés » ; elle est conduite avec soin par l'enseignant et elle amène les élèves entraînés à s'écouter mutuellement, autant qu'ils écoutent le professeur.

Des activités centrées sur l'élève

Cette approche est distincte des « activités centrées sur l'apprenant », lesquelles supposent d'adapter la pratique aux élèves, en fonction de leurs besoins ou de leurs avancées et de l'orienter vers le développement de la pensée et de la résolution de problèmes (qui sont désormais mis en avant par les programmes scolaires). Ces deux sortes d'apprentissage sont centrées sur l'apprentissage puisqu'elles mettent l'accent sur les méthodes intensives, productives et efficientes pour faire apprendre les élèves.

Exemple 1

Durant un cours d'écriture rassemblant 40 élèves de 12 ans dans un collège, en 2007, l'enseignante demande aux élèves d'écrire ce qu'ils font à la maison après l'école. Des élèves lisent leur texte à la classe : comme on peut s'y attendre, la plupart ont décrit des activités très similaires d'une manière analogue. L'enseignante choisit un exemple différent des autres et demande aux élèves de préciser ce qu'il a de différent et pourquoi. Elle parle de la créativité. Puis elle demande aux élèves d'écrire de nouveau : cette fois, l'objectif est que chacun écrive quelque chose à quoi personne d'autre ne pensera et dans un style original. La deuxième série de textes est très différente de la première.

Exemple 2

Dans une maternelle, avec une classe d'enfants de 5 ans (en 2008), une enseignante cherche à développer de nouvelles valeurs : l'autonomie des élèves, la collaboration, la créativité, l'esprit critique. Elle demande aux élèves de jouer à deux un jeu de rôle (l'un parle ou chante en étant caché derrière l'autre qui mime, les deux devant être bien coordonnés). L'enseignante propose un défi. Elle demande aux élèves de se mettre par groupes de quatre ou cinq pour préparer un spectacle qui inclura la production de textes, de chansons, de mimiques, de maquillage, de costumes et d'accessoires. En équipes, les élèves vont présenter le spectacle à la classe, créer les billets d'entrée, les « vendre », installer les sièges pour le spectacle, recevoir le public et présenter chaque sketch à la classe et aux visiteurs. Les enseignantes (chaque classe en a deux, T1 et T2) font partie des groupes d'artistes. Elles aident les élèves à développer leurs spectacles par paires. Les enseignantes vont aussi présenter leur propre spectacle. Après le passage sur scène de chaque paire, une enseignante demande aux élèves de faire leurs commentaires et leurs critiques en fonction d'un certain nombre de critères définis avec les élèves. Il s'agit du costume, du rythme, de l'élocution et de la clarté du texte, des expressions du visage, du langage corporel, de l'humour, de la collaboration, de la discipline, de la politesse, et de l'intérêt du thème choisi. Les élèves font leurs commentaires librement, en toute confiance, en se basant sur leur observation du spectacle. L'enseignante encourage les élèves à faire valoir les points positifs avant de proposer leurs critiques sur certains points à améliorer.

Voici un extrait de commentaires d'enfants (E1, E2, etc.) et des enseignantes (T, T1, etc.) sur la performance de la paire Yang/Zhang :

E1 : Ses gestes (*il s'agit de Yang qui joue dans une paire*) sont si grands qu'on peut bien voir son personnage dans le spectacle (*il s'agit du singe dans un épisode du* Voyage vers l'Occident).

E2 : Sa voix (*il s'agit de Zhang, l'autre enfant*) est forte et claire.

T : Est-ce que les enseignants veulent ajouter des commentaires ?

T1 : Je pense qu'ils sont bien coordonnés.

Beaucoup d'enfants lèvent la main, pour ajouter leurs commentaires.

E3 : Les mouvements de Yang sont beaux et nous font rire.

T3 : OK, Yang et Zhang, choisissez certains de vos camarades pour qu'ils donnent leur opinion.

Ils en nomment un.

E4 : Bien, avant que Zhang ait fini de parler, Yang avait déjà arrêté ses gestes.

E5 : J'ai noté que d'autres enfants, qui jouaient le jeu du mime, utilisaient les accessoires tout le temps mais Yang ne l'a pas fait tout le temps.

T : Je me demande si c'est ce qu'ils avaient prévu et si Yang ne devait le faire que quand il en avait besoin.

T2 : J'aimerais faire quelques commentaires. Je trouve que Zhang parle très bien, clair et fort, et est concentré sur son rôle ; mais il m'a semblé ne pas faire assez attention à son partenaire...

E6 : Mais il parle bien, sa voix est claire et forte, c'est le meilleur d'entre nous.

E7 : Oui. Il dit très bien son texte.

T2 : Oui je suis d'accord avec vous, mais il manquait un peu de concentration.

T : Oui, il est bon. Mais avez-vous remarqué qu'il bougeait un peu pendant qu'il disait son texte ? Il était supposé rester caché derrière le camarade qui mimait. Il jouait avec les accessoires. Est-ce que c'est vrai ? (*Zhang acquiesce.*) J'aimerais faire un commentaire spécial à propos de leur spectacle. Est-ce que quelqu'un peut deviner sur quoi je vais faire un commentaire ?

Plusieurs élèves : À propos de leur maquillage et de leurs costumes.

T : C'est ça. Ils... (*L'enseignante décrit combien ils se sont améliorés depuis la première fois et demande à l'élève qui a fait le costume d'expliquer en quoi et comment il l'a modifié*). OK, ce spectacle est très réussi, avec d'excellentes contributions du membre de l'équipe chargé du maquillage et de celui qui s'occupe des costumes. Félicitons-les pour leur très bon sketch.

Toute la classe applaudit.

Plus tôt, les enseignantes ont montré leur spectacle. Les élèves étaient très impliqués et ont émis des critiques assez fortes, notamment :

E8 : Celle qui parle n'est pas supposée faire des gestes mais j'ai noté qu'elle faisait des gestes tout en parlant.

E9 : Nous vous l'avons déjà dit la dernière fois et vous ne vous êtes toujours pas améliorées !

Cette activité a développé la confiance des élèves, leur collaboration, leur capacité à communiquer, à observer et à faire des commentaires oraux. Les enfants, très engagés et enthousiastes, ont acquis des connaissances et des compétences pendant qu'ils jouaient et critiquaient, en développant leur réflexion personnelle et leur créativité. Avec un accompagnement approprié, cette activité était centrée sur l'apprenant, et les enseignantes chinoises furent surprises de voir que leurs jeunes élèves pouvaient utiliser des critères précis pour faire une évaluation critique (et même évaluer leurs enseignants, dans leur jeu de rôle), pouvaient penser et être créatifs, sans que l'enseignante intervienne de façon importante, et sans qu'elle orchestre l'activité. Les derniers exemples montrent un nouvel ensemble de valeurs en actes, telles que le nouveau curriculum les envisage. Si cela perdure au cours des prochaines années, on peut s'attendre à ce que les élèves développent des représentations différentes de leurs enseignants comme de l'apprentissage. Il faut toutefois noter que certains aspects de pensée critique et de créativité, d'apprentissage autonome et collaboratif font déjà partie des représentations d'une partie des élèves chinois ; le modèle transmissif d'apprentissage mimétique ou d'apprentissage d'apprenant entraîné ne représente plus qu'une partie de la réalité en Chine.

« Bon » enseignant et « bons » élèves en Chine et en Angleterre

Depuis plusieurs années, nous avons mené des recherches sur les représentations que les étudiants des universités chinoises ont des « bons » enseignants et des « bons » étudiants (Cortazzi et Jin 1996, 2001) ; nous avons créé un questionnaire à partir de l'analyse des textes écrits par 135 étudiants chinois sur le sujet, questionnaire auquel furent soumis 129 étudiants d'une grande université et 205 étudiants de deux universités anglaises. Les résultats ont été confirmés et interprétés à partir de nombreux entretiens. L'ordre dans lequel les items sont rangés, en fonction des résultats statistiques, montre des différences

Caractéristiques d'un bon enseignant selon les étudiants chinois et anglais

Étudiants chinois (129) : un bon enseignant...	Étudiants anglais (205) : un bon enseignant...
1. a un grand savoir	1. éveille l'intérêt des étudiants
2. utilise des méthodes efficaces	2. explique avec clarté
3. est une personne responsable	3. utilise des méthodes efficaces
4. éveille l'intérêt des étudiants	4. est patient
5. est amical	5. aide les étudiants à étudier de façon autonome
6. est chaleureux et compréhensif	6. est attentionné et vient en aide
7. aide les étudiants à étudier de façon autonome	7. est une personne responsible
8. est patient	8. est empathique
9. explique avec clarté	9. ses cours sont vivants
10. est un exemple moral	10. organise des activités variées
11. a de l'humour	11. contrôle la discipline des étudiants
12. est attentionné et vient en aide	12. est amical
13. ses cours sont vivants	13. a de l'humour
14. enseigne sur la vie	14. est chaleureux et compréhensif
15. a des réponses aux questions des étudiants	15. enseigne sur la vie
16. organise des activités variées	16. est un exemple moral
17. est empathique	17. a un grand savoir
18. contrôle la discipline des étudiants	18. a des réponses aux questions des étudiants

importantes dans l'évaluation du « savoir de l'enseignant » (dimension placée en tête par les Chinois et au seizième rang par les Anglais), de la « responsabilité de l'enseignant » (troisième pour les Chinois, septième pour les Anglais), ce qui correspond à un modèle éducatif transmissif ou centré sur l'enseignant chez les Chinois ; les rangs relativement moindres obtenus par les items « éveille l'intérêt des étudiants, est patient, explique avec clarté » peuvent être entendus à partir de l'héritage confucéen qui a toujours insisté sur des relations de réciprocité (plutôt que de simple hiérarchie) : les élèves doivent manifester du respect, être à l'écoute et attentifs à l'enseignant et essayer de le comprendre (ce qui est évident dans les observations de classe plus haut). Si ces items sont haut placés dans la liste chinoise, ils le sont plus encore chez les Anglais (dont la culture met moins l'accent sur la réciprocité). Cela peut expliquer les rangs inversés des items « est amical » (placé au cinquième rang par les Chinois et au douzième par les Anglais) et « est empathique » (au dix-septième rang pour les Chinois et au huitième pour les Anglais) car les étudiants chinois voient davantage leurs enseignants selon un principe de réciprocité et il est en ce sens plus important pour les enseignants d'être amicaux qu'empathiques (on peut obtenir l'empathie de ses amis mais on attend de l'enseignant qu'il enseigne). Les attitudes confucéennes, qui perdurent dans la Chine moderne, transparaissent dans les rangs obtenus par les items « est chaleureux, compréhensif » (ce qui correspond à la notion confucéenne de *ren*, traditionnellement traduite par « humain » ou « bienveillant », dimension importante du développement personnel) et « est un exemple moral », ce qui est crucial dans la culture chinoise (mais est seulement au quinzième rang chez les Anglais). Le rang relativement élevé que les étudiants chinois accordent à l'item « aide les étudiants à étudier de manière autonome » est peut-être une surprise si on ne se souvient pas de l'insistance traditionnelle sur l'effort personnel et l'étude individuelle en Chine.

En Chine, être un bon étudiant implique avant tout de « développer une pensée autonome » (tout comme en Angleterre), « d'étudier de façon autonome » (au septième rang chez les Anglais) et de façon intéressante, de « préparer les cours à l'avance » (au neuvième rang chez les Chinois mais au dix-septième chez les Anglais). « Développe des qualités morales » (au quatrième rang chez les Chinois) reflète le thème important de l'éducation morale dans la Chine traditionnelle et moderne. Alors que le rôle de la motivation est évalué de manière analogue dans les deux enquêtes, de façon plus surprenante, l'item « développe une pensée critique » l'est aussi ; dans cette enquête, les étudiants chinois ne se considèrent pas comme des apprenants passifs (comme ils sont souvent décrits en Occident) mais on peut les caractériser comme des apprenants « réciproques » (renvoyant par leur propre travail réflexif ce qui est donné et mis en forme par l'enseignant). « Apprendre des ou avec les autres » est important en Chine (placé en huitième position, ce qui montre que l'apprentissage collaboratif correspond aux représentations culturelles), et se situe à un rang plus élevé que chez les Anglais où il y a une tradition plus grande d'apprentissage entre pairs ou en groupe. Il y a aussi des nuances autour du rôle des étudiants dans les interactions en classe : les étudiants chinois rechignent à poser des questions par timidité et par difficulté à interrompre l'enseignant, par respect à son égard. Certains étudiants chinois considèrent que les bons enseignants planifient leurs cours en fonction des questions des étudiants, ce qui les rend inutiles ; ils suffit que les cours soient planifiés en intégrant à leur conception les questions des étudiants pour qu'il ne soit pas nécessaire de poser des questions ; il leur suffit d'attendre que l'enseignant explique le point sur lequel ils s'interrogent ; s'il reste des questions que l'enseignant n'a pas clarifiées, ils préfèrent interroger l'enseignant discrètement après le cours (c'est l'inverse en Angleterre où une approche plus spontanée encourage les questions pendant le cours). Certains étudiants chinois en Angleterre ont trouvé les questions des Anglais simples et naïves : ils pensent que les étudiants peuvent trouver certaines réponses par eux-mêmes et que ces questions sont des interruptions

Caractéristiques du bon étudiant selon les étudiants chinois et anglais

Étudiants chinois (129) : un bon enseignant...	Étudiants anglais (205) : un bon enseignant...
1. développe une pensée autonome	1. développe une pensée autonome
2. étudie de manière autonome	2. applique le savoir appris en cours
3. applique le savoir appris en cours	3. est très motivé pour étudier
4. développe des qualités morales	4. apprend des autres et avec eux
5. est très motivé pour étudier	5. développe un esprit critique
6. développe un esprit critique	6. prête attention à l'enseignant
7. respecte l'enseignant	7. étudie de manière autonome
8. apprend des autres et avec eux	8. est très travailleur
9. prépare ses cours à l'avance	9. coopère avec l'enseignant
10. est très travailleur	10. respecte l'enseignant
11. aide ses camarades	11. aide ses camarades
12. est sociable	12. est sociable
13. répond aux questions des enseignants	13. développe des qualités morales
14. pose des questions à l'issue du cours	14. fait de lui-même des commentaires en cours
15. prête attention à l'enseignant	15. pose des questions en cours
16. fait de lui-même des commentaires en cours	16. répond aux questions des enseignants
17. pose des questions en cours	17. prépare ses cours à l'avance
18. obéit à l'enseignant	18. pose des questions à l'issue du cours

qui font perdre du temps. Ces données et les commentaires émis pendant les entretiens confirment une forte tendance à l'étude et à l'apprentissage autonomes dans la culture chinoise.

Métaphores sur les enseignants chinois

Dans les années 90, les étudiants chinois ont utilisé des métaphores pour caractériser les enseignants comme « amis » ou « parents », reflétant ainsi des relations sous le signe de la proximité et de la réciprocité, ou bien comme « source de savoir » ou « guide » (Cortazzi et Jin 1999). Mais des recherches plus récentes ou en cours (Jin et Cortazzi 2008 ; Cortazzi *et al.* 2009) montrent un plus grand nombre de métaphores utilisées pour qualifier les enseignants, et de valeurs qui les sous-tendent. La méthodologie de la recherche consiste ici à mettre en lumière les métaphores utilisées par les étudiants (notre base de

Les représentations que les étudiants chinois ont du rôle de leurs enseignants, à travers une analyse des métaphores

Les étudiants développent :	Les enseignants doivent :	
– leur tête – leur cœur – leur caractère – leur vie – leur avenir	– être attentionnés – guider – diriger – nettoyer – purifier – être proches – témoigner de l'amitié – être compréhensifs – conduire – contrôler – amuser	– embellir la vie – partager leur savoir – éclairer – aider au progrès – nourrir le développement – aimer – protéger – abriter – appuyer – conseiller – servir de médiateur

données inclut 1 500 métaphores concernant les enseignants, tirées d'entretiens avec 808 étudiants et 2 500 métaphores concernant l'apprentissage, tirées d'entretiens avec 665 étudiants) ; nous avons analysé à la fois les métaphores et leurs justifications (c'est-à-dire la raison que les étudiants donnent en utilisant ces comparaisons métaphoriques). Ainsi un étudiant peut dire : « un enseignant est une bougie rouge qui se consume tout en nous éclairant, éveillant mon désir de savoir, se sacrifiant pour éclairer les autres », qui inclut les images de la bougie qui se consume et de la lumière, pour exprimer l'idée que les enseignants éclairent et encouragent la recherche de connaissances tout en se sacrifiant eux-mêmes. Cette métaphore est commune en Chine mais de nombreuses images utilisées par les étudiants manifestent une pensée et une expression créatrices. Cependant, les raisons données par un grand nombre d'étudiants pour le choix de ces métaphores s'avèrent très homogènes, ce qui nous permet d'avancer qu'elles sont révélatrices de valeurs culturelles.

L'analyse des métaphores révèle une représentation complexe des rôles de l'enseignant bien au-delà des aspects professionnels de la transmission de connaissances (voir la figure ci-dessus) et de l'organisation des apprentissages. Dans l'ensemble, transparaît une valeur liée au savoir : on attend des enseignants que leur savoir soit important, qu'ils jouent un rôle de guide, d'appui, de direction et d'aide aux étudiants afin qu'ils progressent sur le long terme. On note aussi une valeur de culture : avec les traits affectifs propres au rôle attentionné qu'ils jouent, les enseignants développent des relations étroites avec les étudiants, ils leur témoignent de l'amitié, les nourrissent, les protègent, et les aident à développer « leur tête, leur cœur, leur caractère, et leur vie ». Une valeur transversale est celle de l'enseignant comme source d'énergie, de savoir, d'amour, d'espoir et de générosité. Cette inspiration comporte des dimensions esthétiques : les enseignants « embellissent la vie ». On note aussi de fortes valeurs morales : dans une phrase courante, les enseignants sont définis comme les « ingénieurs de l'âme » qui manifestent un comportement moral, « nettoient » les erreurs des étudiants et les purifient des mauvaises actions. De façon transversale, on note la sympathie et la haute estime : les enseignants sont vus comme des personnes infatigables et occupées qui démontrent un esprit généreux de sacrifice.

Les étudiants chinois ayant participé à ces enquêtes insistent systématiquement sur la valeur du savoir : il est vaste, profond et infini et doit être acquis par étapes et niveaux en un long processus au cours duquel les étudiants ont besoin d'un guide qui les dirige. Les étudiants se reconnaissent dans un apprentissage aux dimensions morales, affectives et esthétiques : ils aiment étudier, cultivent et développent ce goût, de manière brillante, chaleureuse, affective, esthétique et avec espoir. Le voyage du savoir requiert un effort continu et persistant (« ne pas chercher à aller de l'avant c'est reculer », comme disent nombre d'entre eux) : cela amène de la douleur, de l'amertume et de la souffrance mais aussi de la joie, du bonheur et un « goût agréable », puisque les étudiants utilisent le savoir pour avancer vers un rêve qu'ils ont fait ou vers un avenir inconnu ou incertain.

Ces valeurs sont largement partagées par les étudiants dans nos enquêtes mais les étudiants savent que tous leurs enseignants n'incarnent pas un tel idéal (il existe aussi, en moindre part, des représentations négatives des enseignants). Les valeurs constatées viennent à la fois de la tradition culturelle chinoise et de l'expérience directe des étudiants en cours (certains étudiants avaient manifestement des enseignants précis à l'esprit lors de leurs commentaires) et sont profondément enracinées dans les pratiques d'interaction en classe.

Pour les Européens, cet examen des classes chinoises et des valeurs qui les traversent montre la permanence d'un apprentissage intensif destiné à un apprenant entraîné (les étudiants apprenant à soutenir leur attention et à se concentrer sur l'apprentissage) ; la représentation de l'enseignant est celle d'une personne qui ne donne pas seulement forme aux connaissances et au savoir apprendre mais aussi à la morale et à la culture ; les étudiants font un effort considérable malgré toutes les difficultés. Nous avons découvert la possibilité d'une préparation collaborative de cours de grande qualité, de tels cours ayant des dimensions affectives et esthétiques. Nous avons constaté la coexistence des attentes pérennes d'apprentissage autonome et critique avec l'amorce d'approches favorisant le développement de la créativité et de la résolution de problèmes.

Beaucoup d'Européens travaillant dans les affaires et dans l'éducation ont vu dans le récent développement économique chinois des opportunités à saisir. Toutefois, certains visiteurs n'ont observé dans les écoles qu'une approche formelle, disciplinaire et centrée sur l'enseignant, impliquant un travail important des élèves ; nous pouvons au contraire constater que le système éducatif chinois (qui fait face bien sûr à de nombreux défis) voit évoluer un certain nombre de valeurs et de pratiques ; cela peut nous permettre de gagner en savoir, en compréhension et en pratiques éducatives. Nous pouvons apprendre de la Chine.

BIBLIOGRAPHIE

CORTAZZI M. et JIN L. (1996) : Cultures of learning: language classrooms in China. In H. Coleman (d.) *Society and the Language Classroom*, Cambridge: Cambridge University Press, pp. 169-206.

CORTAZZI M. et JIN L. (1999) : Bridges to Learning: metaphors of teaching, learning and language. In L. Cameron & G. Low (eds.) *Researching and Applying Metaphor*, Cambrdige: Cambridge University Press, pp. 149-176.

CORTAZZI M. et JIN L. (2001) : Large Classes in China: 'good' teachers and interaction. In D. A. Watkins & J. B. Biggs (eds.) *Teaching the Chinese Learner: psychological and pedagogical perspectives*, Hong Kong: Comparative Education Research Centre/Australian Council for Educational Research, pp. 115-134.

CORTAZZI M., JIN L. et WANG Z. (2009) : Cultivators, cows, and computers: Chinese learners' metaphors of teachers. In T. Coverdale-Jones & P. Rastall (eds.) *Internationalizing the University, the Chinese context*, London: Palgrave Macmillan, pp. 107-129.

JIN L. et CORTAZZI M. (2008) : Images of teachers, learning and questioning in Chinese cultures oflearning. In E. Berendt (ed.) *Metaphors for Learning*, Amsterdam: John Benjamins Publishing Company, pp. 177-204.

Ministry of Education (MOE) (2007) : *College English Curriculum Requirements*, Beijing: Foreign Language Teaching and Research Press.

La vie en classe, à Beauvais (France) et à Naples (Italie)

Filmer pour comparer, une approche par l'anthropologie visuelle

Teresa Mariano Longo
Thierry Roche

Les résultats des recherches comparatives en éducation sont diffusés par les média et, souvent, la place qu'un système éducatif occupe dans les classements internationaux fonde son image. Certains pays arrivent aux premières places et de ce fait leur système, dont on connaît mal les spécificités, devient l'exemple à suivre. De nos jours, l'habitude est prise de se référer aux études internationales pour débattre ou même prendre des décisions en matière d'éducation. L'éducation comparée intéresse ceux qui construisent les politiques éducatives, mais dans ce champ d'étude multiréférentiel et multidisciplinaire on prétend souvent décrire des réalités complexes à travers la seule analyse de résultats portant sur deux ou trois disciplines [1].

Comment n'être pas choqué du fait qu'au cours des vingt dernières années, quelques exceptions mises à part [2], les grands absents de la scène de la comparaison internationale soient les enfants et la pédagogie ? Comment ne pas être choqué lorsqu'on constate que la plupart des recherches diffusées à l'échelle mondiale ne définissent pas leurs limites épistémologiques et prétendent expliquer toute une réalité complexe à travers l'étude d'un seul phénomène ?

Selon R. Alexander (2005) « la pédagogie ne concerne pas que les techniques d'enseignement. Elle est une intervention culturelle visant au développement humain et est profondément imprégnée des valeurs et de l'histoire de la société et de la communauté dans laquelle elle est située. La pédagogie peut être alors mieux définie comme l'acte d'enseigner avec des idées, des valeurs et des histoires collectives qui informent, forment et expliquent cet acte » [3].

Pouvons-nous, par la recherche anthropologique et la comparaison, dégager certains des aspects culturels des pédagogies observées ? Ces considérations

---

1. Lallement et Spurk (2003), *Stratégies de la comparaison internationale*, Paris, CNRS éditions, CNRS : cette réflexion collective montre comment la nouvelle dimension des espaces mondiaux a eu un impact sur les manières de connaître les phénomènes sociaux et sur l'éthique de la comparaison ; Jean-Richard Cyterman et M. Demeuse (2005), *La lecture des indicateurs internationaux en France*, rapport établi à la demande du Haut Conseil de l'évaluation de l'école, Paris.
2. Voir la recherche de Robin Alexander (2000), *Culture and Pedagogy*, Blackwell Publishing.
3. Robin Alexander (2005), « Culture, dialogue and learning. Notes on an emerging pedagogy » in *Education, Culture and Cognition: intervening for growth*, International Association for Cognitive Education and Psychology (IACEP), 10th International Conference, University of Durham, UK, 10-14 July 2005.

et la nécessité d'un cadrage théorique clair nous ont conduits à recourir à l'anthropologie visuelle pour mener des études dans les classes sur les manières d'enseigner.

Quelques repères méthodologiques

L'anthropologie moderne et le cinéma sont nés de manière concomitante ; depuis la fin du XIXe siècle, des anthropologues accompagnent leurs recherches d'images, fixes ou animées, qui servent le plus souvent d'illustration à leurs propos mais ponctuellement sont, en et par elles-mêmes, supports de restitution. Réflexion par et sur l'image, l'anthropologie visuelle vise par d'autres biais les mêmes objectifs que l'anthropologie écrite. Il s'agit non pas de dire d'autres choses mais de les dire autrement, d'attirer l'attention sur d'autres aspects qu'on ne le fait à l'écrit. Comment l'anthropologie visuelle peut-elle traiter l'approche comparative de la vie des enfants à l'école dans différents pays ? Quel apport spécifique peut-on attendre de l'utilisation d'une caméra ? L'anthropologie visuelle est-elle en mesure d'aider à comprendre autrement les écoles de différents pays ?

Ces interrogations ont été, en 2006, à la base d'un dialogue et d'une collaboration au sein de la faculté de philosophie et sciences humaines et sociales d'Amiens (France) entre des anthropologues [4] et des chercheurs en éducation comparée. Une première expérimentation de comparaison de vie de classes par l'anthropologie visuelle intitulée « les têtes ailleurs » en a découlé. Ce travail interdisciplinaire a reposé sur un équilibre complexe : il s'est agi, pour les chercheurs en éducation, d'entrer dans une école, dans une classe, sans en faire partie professionnellement parlant, et surtout d'accepter d'apprendre, d'écouter, de se confronter, pour trouver les références qui permettent de construire ensemble une réalité éducative.

Notre projet a commencé par une phase expérimentale. Celle-ci a duré une année au cours de laquelle nous avons construit des matériaux visuels, base de réflexion pour développer ensuite un projet plus large de comparaison, lequel est actuellement en cours. Deux réalisateurs ont travaillé sur une même question – le traitement de l'erreur d'apprentissage et de comportement – à partir d'une stratégie de tournage préalablement discutée ; ils ont tourné dans deux villes, Beauvais et Naples, dans deux classes de dernière année d'école primaire ; les écoles peuvent être considérées comme similaires en ce qui concerne la classe sociale d'appartenance des enfants (moyenne-basse) et le type d'intervention pédagogique ; les deux sont des classes où les enseignants en formation font leur stage, des classes donc habituées à la présence d'autres personnes et au « dérangement » occasionné.

---

4. Équipe dirigée par Thierry Roche.

Ce que montrent les films

L'école

Dans les ruelles du centre de Naples, pleines de petits magasins, l'école Oberdan n'est pas facile à trouver : elle siège dans un couvent qui, comme les autres bâtiments du quartier, est d'époque baroque. La vidéo parcourt les « *vicoli* » et l'on ne peut distinguer l'école des autres habitations que lorsqu'un groupe de parents s'attarde face à l'entrée. La grande porte principale ne se ferme jamais ; elle est sous le contrôle d'un gardien qui s'entretient avec tout le monde. Le mouvement d'entrée et sortie est continu : les parents, les élèves, les voix de la rue, le bruit des scooters, le serveur du bar en bas dans la rue qui amène sur un grand plateau le café pour les enseignants. L'activité est continue ; l'extérieur coule sans barrières à l'intérieur de l'école. La plupart des parents laissent les enfants à l'entrée, mais un certain nombre entrent dans la classe pour aider les enfants à ôter leur manteau et dire un mot à l'institutrice.

À Beauvais, en plein centre, à cinq minutes d'une des plus belles cathédrales de France, on peut immédiatement reconnaître l'école : le mur et la grille séparent la circulation extérieure de l'espace intérieur réservé aux élèves. De l'extérieur, on entrevoit la grande cour et les édifices en brique. Les parents partent rapidement après avoir laissé les enfants à l'entrée. La grille restera toujours fermée préservant le silence et le calme de l'intérieur ; les enseignants et la directrice accueillent les enfants à l'entrée, à côté de la grille, il n'y a aucun besoin que les parents restent[5]. Le matin, l'institutrice aligne les enfants dans la cour et les accompagne en classe, l'ordre et le silence de ce rituel marquent le début du travail.

La classe

À Naples, les enfants entrent dans les classes individuellement ou avec un des parents. Chacun monte au premier étage par un des deux grands escaliers en marbre. Il est interdit de s'arrêter dans la cour en bas : l'espace carré entouré de portiques à arches rondes restera toujours vide. En classe, ils trouvent l'enseignant qui attend pendant presque une demi-heure que tout le monde soit entré. Les manteaux sont déposés à l'intérieur et ils contribuent à rendre la circulation dans le petit espace de la classe encore plus difficile. Dans cet espace, les enfants resteront toute la journée, jusqu'à trois ou quatre heures de l'après-midi. Tout se déroule là : les cours, le déjeuner, les récréations. Dans la classe, les enfants bougent, mais souvent les pupitres empêchent leurs mouvements. Une fois ou deux par semaine seulement, ils changent de classe pour l'activité de dessin qui se fait avec une autre classe dans un espace plus grand ou pour préparer un spectacle avec les autres enfants de l'école.

5. Sur ce thème voir la comparaison entre la France et l'Angleterre in Maroussia Raveaud (2006), *De l'enfant au citoyen*, PUF, Paris.

La différence avec Beauvais est frappante : ici, chaque activité a un espace et un temps propres et jamais on ne mélange l'espace de recréation avec l'espace de travail, le temps de l'étude avec le temps du corps, la nourriture avec les livres et les cahiers. En classe aussi, la position des tables change selon les activités d'étude : en rond, alignées, regroupées par quatre ; les enfants eux-mêmes les déplacent. L'espace de la classe est grand et il accueille non seulement les tables et les chaises, mais une petite bibliothèque et de nombreuses étagères contenant des matériaux pédagogiques, ce qui donne une image de richesse en comparaison de la petite armoire de la classe de Naples dont l'accès est réservé à l'institutrice.

Les tables de Beauvais se ressemblent car les consignes n'autorisent pas la personnalisation ; l'espace est fonctionnel, dévolu au travail : au-dessus, le cahier d'exercice ou le livre, dans le tiroir les autres matériaux. Le vide de ces pupitres est à l'opposé du plein de ceux des Napolitains : là, on trouve des crayons, des cahiers, des jouets, des oranges, des barres chocolatées... un désordre qui exprime l'espace de chacun et qui ne semble pas nuire au travail.

Les gestes, les corps

Plus que l'exiguïté de l'espace de la classe, c'est l'unicité de l'espace qui semble toucher les enfants de Naples. Lentement, on comprend que cela prend un sens dans le rapport que l'enseignant a avec la classe. Non seulement les seuls mouvements possibles sont ceux du changement de position assis/debout mais, dans cet espace, l'enfant est toujours sous contrôle de l'enseignant ; il ne risque jamais de se faire mal, ce qui est l'éternelle angoisse des enseignants italiens, responsables des mineurs ; les *Mamme* leur ont confié un enfant en bon état et elles veulent le reprendre intact. Dans l'ancien couvent, l'espace ne manque pas pour l'éducation physique ou pour la recréation ; la belle cour centrale, où les moines se promenaient sûrement il y a quatre cents ans, est toujours vide car elle comporte quantité de coins sombres où les enfants pourraient échapper au regard des adultes et le sol en béton est considéré comme dangereux en cas de chute.

En classe, les enfants de Beauvais s'efforcent d'avoir une position correcte ; ils se tiennent bien, le font avec une apparente spontanéité et semblent adopter le physique du rôle : bien assis, le corps presque immobile, le visage toujours tourné vers l'enseignant. À la fin du cycle élémentaire, ils ont appris à contrôler leurs gestes en classe, ils ont aussi trouvé des petits gestes de survie pendant les cours et surtout ils savent attendre la récréation pour se déchaîner. L'activité d'enseignement guide le contrôle des expressions du visage et du corps, les élèves savent quand on peut rire, quand on peut parler et ce qu'il faut cacher de ses propres sentiments. L'élève domine l'enfant et ce contrôle est continuellement encouragé par l'enseignant avec les mots de la vie en commun et de la vie dans l'institution scolaire : citoyenneté, civilité. Sous les bancs, la caméra retrouve les enfants : pieds en mouvement continu, pieds qui jouent, pieds qui tapent sur ceux du voisin.

Par contre, à Naples, chacun en classe est soi-même [6] : on sourit, on est triste, on parle de choses personnelles, on raconte ce qui s'est passé hors de l'école, on peut être fatigué, content, avoir des soucis ; tout état d'âme peut et même doit s'exprimer ; l'élève doit se construire à partir de sa propre personne. Ainsi l'immobilité, à laquelle l'espace de la classe oblige, contraste avec la mobilité de la partie supérieure du corps et avec la vivacité des expressions des visages. Chacun doit être soi-même ; la mimique du visage et les gestes sont bien vivants, variés, caractérisés ; les expressions, à l'école, sont presque les mêmes que celles de la rue et de la maison ; presque, parce que les gestes sont un peu plus contrôlés que ceux de l'extérieur, mais les codes imposés par l'école sont rares et la fracture avec l'extérieur demeure peu marquée.

Au moment de la récréation, les enfants napolitains n'apparaissent pas très différents de ce qu'ils sont durant les cours : leurs expressions et leurs gestes sont les mêmes, ils parlent un peu plus fort, ils rient un peu plus, ils en profitent pour donner un coup au copain antipathique, mais il n'y a pas de gestes interdits en cours qui se libèreraient pendant la récréation.

La récréation à Beauvais est tout autre chose : la caméra suit chaque jour les mêmes protagonistes de la classe et elle met en évidence les différences ; à la « récré », leur visage, leur expression changent complètement : on rit, on se touche, on se déchaîne, on crie. Les enfants s'éparpillent dans la grande cour, ils forment des petits groupes ; le surveillant est présent mais les enfants ne semblent pas se sentir sous contrôle. Par contre, une fois en ligne pour rentrer en classe, l'expression des élèves change, les corps se contrôlent et le silence retombe sur le groupe que l'institutrice accompagne en classe.

La vivacité de la parole et des expressions du visage des enfants de Naples contraste avec leur corps enveloppé [7] par les uniformes : un tablier bleu pour les garçons et blanc pour les filles. Les corps, souvent assez ronds, semblent encore plus lourds du fait de ces blouses en coton informes ; à cette uniformité pour les filles s'ajoute celle de la coiffure qui est souvent la même : une énorme masse de cheveux liés dans une queue de cheval qui tombe sur l'épaule droite avec un certain charme. On touche, on caresse cette queue de cheval pendant toutes les activités scolaires, surtout au moment des difficultés. Ce geste de plaisir, nous pouvons le voir aussi à Beauvais, où une petite fille, dans un moment de solitude, caresse ses mèches. Les enfants de Naples sont sans doute plus corpulents que les enfants de Beauvais. Apparaissent-ils plus âgés ou plus jeunes que les enfants de Beauvais ? Ce thème a été abordé fréquemment par ceux qui ont vu le film et les réponses ont été différentes.

6. Les étudiants d'Amiens en les regardant diront : « Ils sont avachis ».

7. M. Raveaud (2006), *op. cit.*

Les protagonistes

À Naples, trois enseignants exercent tour à tour dans la classe ; s'y ajoute une institutrice spécialisée qui est toujours à côté d'un enfant ayant des problèmes de santé ou des difficultés scolaires ; celle-ci intervient aussi auprès des autres élèves qui souvent l'interpellent pendant les exercices. Une fois par semaine, tous ces enseignants planifient ensemble leurs activités. Les enfants connaissent bien le temps de présence de chaque enseignant, mais le temps de déroulement de chaque sujet n'est pas défini avec rigidité.

À Beauvais, chaque matin, l'institutrice écrit sur le tableau noir le temps de début et de fin des thèmes traités ; ils sont toujours respectés ; on a le sentiment que la durée des interventions des enfants est incluse dans cette planification du temps : rien ne doit se passer pendant le cours qui ne puisse être contenu dans le temps prévu. Le temps appartient aux disciplines et à la didactique.

Naples est vraiment différente : les enfants n'ont pas de grandes limites de temps pour leurs interventions et si, pendant le cours, une parenthèse intéressante est ouverte par les protagonistes, on renvoie au lendemain la fin du programme prévu. On comprend que la préoccupation de l'enseignant pour que l'enfant s'exprime est forte et qu'elle prime sur celle du déroulement du programme ; l'enseignante de Beauvais semble plus attentive à ce que chaque élève apprenne à reconnaître la primauté du programme, objet sacré plus important que le temps que chacun aimerait occuper. La valeur qu'a, pour chacun, l'appropriation des savoirs est un absolu qui n'a pas besoin de justification.

La maîtresse de Beauvais s'adresse à tous comme un chef de chorale, l'harmonie du tout l'intéresse, celle de Naples est le metteur en scène de la *commedia dell'arte* : elle s'adresse à chacun selon sa personnalité pour qu'il contribue à la réalisation de la pièce. Les questions portent sur un sujet qui sert de canevas commun, mais l'enseignant encourage chacun à y répondre à partir de sa propre perspective. L'appropriation personnelle des savoirs est plus importante que leur valeur en tant qu'objet.

Comment voit-on cette différence dans le film ? À Beauvais, le regard est attiré par l'alternance entre la parole de l'institutrice et le silence, le film découpe les passages de l'un à l'autre et montre comment, par l'appropriation de ces temps, l'enseignant délivre à tous l'objet sacré, le savoir ; le film montre la manière dont les enfants s'adressent à l'institutrice et l'on est frappé par la similitude des expressions : les mêmes, pour un même objet à penser. Quand le camarade intervient, les autres continuent à regarder l'institutrice et non celui qui parle ; avec un certain embarras, parfois, ils rient du camarade bizarre qui dit des choses différentes et drôles.

À Naples, le regard s'appuie sur l'institutrice et sur l'enfant questionné, les autres semblent impatients de voir arriver leur tour ; quelquefois ils semblent avoir autre chose à faire. L'institutrice s'adresse personnellement à l'enfant :

« dis-moi... » et après, ce qui est dit reste entre eux deux. À Naples, la maîtresse utilise tout son corps pour s'adresser à l'élève : ses yeux le pointent, ses mains le touchent ; quand il hésite dans une réponse, elle lui attrape le bras ou lui fait une caresse ; l'enfant vient souvent au bureau de l'institutrice, elle circule entre les bancs et, dans chaque rencontre, les corps se touchent. Le rapprochement avec chacun se fait aussi par l'utilisation d'un langage familier et du dialecte que l'institutrice utilise volontiers pour mieux faire comprendre, pour corriger, pour rendre plus incisives ses explications. À Naples, ce n'est qu'au moment de la lecture à haute voix, quand le livre devient l'objet commun, que les enfants semblent appartenir à un ensemble-classe. Ils lisent vraiment bien mais le fait qu'ils suivent la lecture avec l'index scandalisera les jeunes spectateurs français !

Les sentiments, la vie personnelle, la vie extérieure

Un cours à Beauvais a comme thème l'amitié : on parle de Diogène, le personnage de la Grèce ancienne qui n'a pas d'amis et l'on réfléchit aux critères selon lesquels nous considérons quelqu'un comme un ami. La leçon devient l'occasion de questionnements importants : les membres de la famille sont-ils des amis ? Est-ce qu'on aime les amis de la même manière que les parents ? Les expériences personnelles devraient servir à construire ensemble des idées sur l'amitié. Le récit d'une amitié vécue devrait servir à construire une idée commune d'amitié mais, à la fin des études primaires, les enfants ont bien compris la séparation entre « personnel » et « public » et la caméra saisit leur difficulté à trouver les mots, à sélectionner ce que l'école autorise à dire ; on n'arrivera pas à une conclusion.

Les enfants de Naples parlent aussi de l'amitié quand ils lisent avec l'enseignant le sujet du devoir : « écrire une lettre à un ami d'école sur un souvenir des années d'école primaire ». Tous les enfants suivent la lecture que l'enseignant fait de ces lettres où la sympathie, la nostalgie, la tendresse s'expriment sans trop de contrôle, leurs expressions montrent une participation active à ces sentiments communs. Les bons sentiments dominent. Selon une ancienne tradition nationale[8], l'école primaire apprend la vie en commun par le « *volersi bene* » ; l'expression des sentiments positifs est donc bien acceptée et chacun semble y participer.

Et les autres sentiments ? Ils s'expriment en partie hors du regard de l'institutrice (occasion difficile à réaliser à Naples) et ils sont en partie laissés aux portes de l'école. Ainsi que le dit Saviano (2007)[9], nombreux sont les enfants qui dans les quartiers « chauds » de Naples ont assisté à des tueries dans

8. Voir De Amicis (1886), *Cuore*.

9. Saviano R. (2007) *Gomorra*, Paris, Gallimard.

la rue. La haine, la violence, la douleur, font partie de la vie de ces enfants. À l'école, c'est une autre vie. Le film commence par un récit d'un élève : « Dans l'école où j'étais avant, dans les quartiers espagnols, dès que je suis allé en première classe élémentaire, ils ont mis des couteaux, des pistolets, des ciseaux dans mon cartable et sur mon banc ». Le silence… l'école commence.

Le contrôle des sentiments par l'école est présent aussi à Naples : il se fait par un filtre qui oppose la violence extérieure et le monde de l'enfance à l'intérieur. Le film révèle l'aspect tragique de ce contraste à travers les mots et les silences des enfants. Il montre comment l'école transforme la souffrance personnelle en vie en commun. Une partie centrale du film est dédiée à une chanson exécutée par les enfants de la classe, chanson en dialecte dans laquelle ils demandent aux « gens de Naples » si un fil d'espérance pour le lendemain existe pour eux et si « pour ces enfants, qui grandissent et qui veulent étudier, pour ces enfants, qui lèvent les bras et qui veulent se sauver », il existe une possibilité d'écoute de la part des « magnifiques gens » de cette ville.

Le traitement de l'erreur

Dans une scène qui fait rire le public, l'institutrice de Beauvais reste longtemps immobile à côté d'un enfant qui n'arrive pas à interpréter le sens d'un texte. Elle lui pose la question cinq fois en attendant que l'enfant se corrige tout seul. Elle essaie, par sa posture et son silence, de lui donner des chances. Impossible : le rapport entre les deux et l'erreur est tellement embrouillé qu'aucun bon sens ne peut les aider. Le sens de la phrase et le sens de leur relation se confondent et le rire de ceux qui sont à l'extérieur éclate.

À Naples, une scène fait également rire, mais pour d'autres raisons. L'enseignant réagit immédiatement à l'erreur de l'enfant, le ton de la voix est plus fort : « Comment dois-je te le dire ? ». Ses mains bougent dans un geste de désespoir que l'on voit souvent à Naples. Une autre fois, l'institutrice crie « *No !* » et d'un coup donne la réponse. À une autre occasion, elle pose une nouvelle question à l'enfant et s'il répond, elle dit : « Tu vois ? Tout est dans ta tête ». Dans la scène, l'enfant apparaît immobile, sa tête vidée par l'excès de passion de l'adulte ; est ce qu'il voit l'erreur ? Ici, les devoirs se corrigent sur l'estrade ; dans ce moment difficile, l'enseignant doit être à côté de l'enfant, en contact direct avec lui. Dans cette position, l'institutrice considère pouvoir mieux entrer dans les raisons subjectives qui ont amené l'enfant à se tromper ; ces raisons, à son avis, ont toujours une origine affective et donc les corrections des contenus, de l'orthographe, de la grammaire et des sentiments se mélangent.

À Beauvais, la présentation collective des raisonnements erronés domine, suivie par un travail individuel noté. L'objet de connaissance est toujours au centre et l'enseignant semble accorder peu d'attention aux raisons pour lesquelles chaque enfant peut commettre un certain type d'erreur ; quand l'élève se trompe, il est toujours invité à mieux réviser la leçon.

Les infractions aux règles existent dans les deux écoles. Plus qu'à Beauvais, on tolère à Naples les retards d'arrivée à l'école et les absences. L'une autant que l'autre, les deux enseignantes font preuve de tolérance à l'égard des erreurs d'apprentissage, mais elles sont très rigoureuses sur le respect du travail personnel à la maison. Enfin, si à Naples l'enseignant accepte les erreurs qui relèvent de la confusion entre le langage de la vie quotidienne et le langage de l'école, cela est impossible à l'école de Beauvais où l'enseignement se construit sur cette séparation. La diversité entre les deux réalités est marquée par l'attitude différente des deux enseignantes : face à la faute, l'une proteste et se désespère ; l'autre rappelle la règle.

Remonter à l'origine de la diversité

Les manières de concevoir les espaces, le temps, le corps, la pédagogie sont différentes dans les deux écoles. Que trouve-t-on à l'origine de ces différences ? Pour répondre, une réflexion préalable sur la manière dont la partie précédente a été construite s'impose.

Le récit que nous venons de faire de ce qu'on voit dans les films repose sur nos savoirs relatifs aux deux pays. Comment avons-nous construit ces films ? Quel rôle notre savoir antérieur sur les deux écoles a-t-il dans la comparaison des images ? Quels sont les résultats de cette double opération ?

Nous sommes partis de l'idée que l'enfant arrive à l'école en sortant d'un milieu familial dans lequel il a bâti une image de lui-même, dans lequel son corps, ses gestes, ses sentiments ont appris à exister et à se reconnaître. Il devient ensuite l'élève d'une institution scolaire. Quelle partie de lui-même entre à l'école, quelles autres identités se construisent ? Quelles sont les formes de résistance qu'il met en acte ?

L'œuvre et les réflexions de R. Ragazzi ont eu un poids important dans nos choix pour la construction des films. Ragazzi, une anthropologue réalisatrice, a réalisé un film remarquable, *La Mémoire dure*, portant sur l'expérience scolaire des enfants immigrés dans une école de Paris. Pendant neuf mois, elle est restée dans une classe d'intégration (CLIN) dans le but de comprendre « comment les enfants des migrants expriment, non seulement verbalement, mais de beaucoup d'autres manières, depuis les expressions corporelles jusqu'aux expressions artistiques, leurs multiples identités et identifications » (Ragazzi, 2006). Les enfants immigrés expérimentent certainement d'une manière plus dramatique l'expérience de la double identité linguistique et géographique, mais tous les enfants vivent la différence entre références identitaires dans et hors de l'école [10].

10. Mesmin, C. Nathan (1993) « Les enfants de migrants et la politique scolaire » in Mesmin, Claude *et al.*, *Psychothérapie des enfants de migrants*. Grenoble : Pensée Sauvage.

Partant de cette idée, nous nous sommes demandé si, dans la manière par laquelle l'école fait vivre cette/ces identité(s), il n'y a pas une idée d'enfance propre à chaque culture ou à l'histoire de l'École dans chaque pays. Sur la base de ces questions, nous avons réalisé nos films et nous avons obtenu des images qui mettent en évidence les différences profondes entre les vies d'écolier des enfants des deux pays; pour en comprendre le sens il nous faut, à ce stade, mobiliser d'autres connaissances, relatives aux deux pays concernés.

Nous avons par exemple vu la différence de conception des espaces scolaires; l'école française, depuis Jules Ferry, sépare et découpe: l'intérieur et l'extérieur, le lieu et le temps de travail et le lieu et le temps du plaisir, l'élève et l'enfant. L'école républicaine, les historiens nous l'ont appris, est bâtie sur l'idée d'une raison universelle qui du haut, guide le système; cette idée est devenue manière de voir commune de l'éducation; en France la récréation est un droit de l'enfant; ce qui scandalise le plus les étudiants français qui regardent le film sur Naples est que ce droit de l'enfant ne peut pas s'y exercer.

Les pratiques d'enseignement dans les deux classes apparaissent fort différentes. Grâce à l'image, on perçoit les relations entre enfants et instituteurs; en regardant leurs gestes, l'atmosphère de la classe, nous comprenons qu'au-delà des comportements individuels des enseignants, nous sommes face à deux conceptions de la transmission du savoir: d'un côté un savoir objectif, de l'autre un savoir qui passe par le sujet. Il faudrait remonter dans l'histoire de l'École, de la culture des deux pays pour trouver les origines des deux idées. Des pistes de recherche peuvent être proposées: l'importance de la culture humaniste en Italie et de la culture scientifique en France, l'impact de la culture catholique en Italie et de la raison laïque en France, l'image des hiérarchies culturelles dans les deux pays et, peut être, la pénétration des valeurs de la famille dans l'école italienne.

D'ailleurs, nous l'avons dit, la relation de l'école à la famille explique, à Naples, l'absence de récréation, le regard permanent de l'enseignant sur l'enfant, les aptitudes maternelles de l'enseignant, l'importance de l'affectivité pour la vie en commun. À Beauvais, la famille reste hors des murs: elle a confié l'enfant à l'école pour qu'il devienne un citoyen instruit et qu'il apprenne à vivre dans la vie publique.

Sans doute faudrait-il creuser cette différence de conception du rapport entre le privé et le public, entre l'enfant et le citoyen; elle apparaît clairement en regardant les enfants, les enseignants, leurs gestes, leurs expressions mais elle ne peut s'expliquer qu'en mobilisant des savoirs relatifs à l'histoire de chacun des deux pays.

Qu'apporte l'image à ce genre d'expérience ?

L'image ne dit pas d'autres choses, elle dit autrement les choses. La description qui précède aurait pu être effectuée en situation par un observateur attentif et sans doute retranscrite à l'identique. Mais ce qu'apporte l'image, c'est la simultanéité des situations, l'attention des uns et la distraction des autres à l'arrière-plan, c'est le travail des corps, celui des enseignantes chaque jour remis en scène et ceux des enfants qui communiquent par leur posture leur degré d'attention. L'image a la capacité de traiter à l'intérieur du plan l'extrême complexité de la situation, du point de vue des enfants soumis à la nécessité d'avancer individuellement dans leur cursus d'apprentissage sans pour autant se désolidariser du groupe, et des enseignantes attentives à l'individu et responsables de la cohésion de l'ensemble. Le texte permet d'éclairer cette dramaturgie, l'image la restitue dans toute sa complexité. Il ne s'agit pas, cela étant, d'opposer un mode à l'autre mais de travailler sur les complémentarités possibles et pensables entre l'un et l'autre support.

Notre travail visait à montrer le vécu des enfants à l'école en nous questionnant sur la relation entre pédagogie et culture ; au moment de la comparaison, des spécificités émergent ainsi que des codes de fonctionnement propres à chacune de ces classes. L'image nous permet de sauter, de ricocher d'un espace à un autre. Elle nous permet de percevoir ce que l'on n'a pas observé, parfois même de voir au-delà du visible. L'image contraint à regarder, à construire la connaissance à partir de ce qui est vu. L'utiliser c'est prendre le risque de contredire le savoir académique et de se confronter à l'indicible, à l'impermanence mais c'est aussi s'offrir la possibilité de comparer deux situations sans aucune médiation. Puissance de l'image mais situation de risque dans laquelle la mobilisation des savoirs est nécessaire pour que l'expérience vécue trouve sa force d'évocation sans trahir la réalité.

Les pratiques de classe, partie émergée de l'iceberg des valeurs culturelles

*Pédagogies à l'œuvre dans les écoles anglaises et françaises**

Claire Planel

L'analyse présentée ici – celle d'une expérience transculturelle d'échange pédagogique au sein d'un groupe d'enseignants stagiaires français et anglais intervenant dans des classes primaires – illustre la façon dont les pratiques pédagogiques sont l'expression de valeurs culturelles sous-jacentes. Ces pratiques pédagogiques ne sont que la partie émergée d'un iceberg. Sous la surface des apparences existent des valeurs qui sont enracinées en nous – un « système de schémas fondateurs inconscients (ou profondément enfouis) », selon Bourdieu (1976, p. 195). Eux-mêmes éduqués lorsqu'ils étaient enfants ou jeunes adultes dans leurs contextes pédagogiques respectifs, ces stagiaires ont absorbé les valeurs transmises dans les salles de classe de leurs pays d'origine. Comme stagiaires, ils ont appris la théorie et la pratique de l'enseignement tel qu'il est délivré dans leur pays, s'immergeant encore davantage dans les valeurs éducatives nationales de leurs pays respectifs. De plus, comme stagiaires, ils ont été tout particulièrement sensibilisés aux pratiques pédagogiques. Cette expérience vécue par les stagiaires, qui consistait à passer trois semaines dans une salle de classe du pays d'échange, ne s'est pas limitée à mettre en lumière les différences entre les pratiques pédagogiques françaises et anglaises dans le primaire. De façon significative, elle a fait également remonter à la surface les valeurs culturelles nationales contrastées, les « schémas fondamentaux » que les stagiaires ont absorbés tout au long de leur parcours scolaire et de leur formation. En outre, l'expérience vécue par ces stagiaires éclaire le sens même des pratiques pédagogiques qui prévalent dans le cadre des systèmes éducatifs nationaux anglais ou français, ainsi que la manière dont ces pratiques et les valeurs qu'elles véhiculent interagissent dans chacun des systèmes. Enfin, cette analyse montre comment les valeurs culturelles peuvent avoir un impact négatif sur la perception que nous avons de contextes culturels différents. À certains égards, la culture, comme l'amour, est en effet aveugle.

Les données qui fondent cet article proviennent d'entretiens qui se sont tenus en 2002 et 2003 avec huit professeurs stagiaires de primaire anglais et français qui effectuaient un stage en situation de façon croisée dans le cadre

* Article traduit par Robert Elbaz.

d'un programme commun passé entre un département de pédagogie faisant partie d'une université anglaise et un institut universitaire de formation des maîtres français.

Cet article examine les variations qui existent entre la compréhension individuelle que chaque stagiaire a de la pédagogie du pays qui n'est pas le sien, variations qui peuvent aller de l'incompréhension et la critique à l'admiration. Le développement de la compréhension des stagiaires et les implications des stages en situation à l'étranger dans le cadre des programmes de formation des maîtres sont traités ailleurs (respectivement dans *Compare* 2008 et le *European Journal of Teacher Education* 2004). Les aspects pédagogiques auxquels il était le plus souvent fait référence étaient les suivants : comment les enseignants font cours, la différenciation pédagogique, l'évaluation et la motivation, le comportement, les attentes relatives aux élèves, et la perception de l'enfant, simple élève ou être complet.

Les stagiaires anglais et leur compréhension de la pédagogie française

L'enseignement

Regardant la façon française d'enseigner à travers un prisme anglais, les stagiaires anglais étaient parfois incapables de comprendre l'acte même d'enseigner, voire même parfois de le reconnaître :

> « Je ne comprenais pas du tout pourquoi ils procédaient comme ils le faisaient. »
> « Je ne comprenais pas du tout comment les cours fonctionnaient. Je suppose que c'est parce qu'on nous a inculqué que... vous savez que vous faites une séquence du cours où l'enseignant parle, puis on fait un travail de groupe. Mais il ne semblait pas y avoir beaucoup d'enseignement dirigé par le maître. »
> « (L'enseignement de) la lecture était vraiment bizarre... Je n'étais pas sûr du tout de comprendre comment c'était censé fonctionner. »

Parce qu'il leur manquait une compréhension intime de la « leçon »[1] à la française et des valeurs sous-jacentes de structure et de méthode, les stagiaires anglais n'étaient pas toujours capables d'identifier l'acte d'enseigner lorsqu'ils en étaient témoins.

De plus, baignant dans une culture pédagogique où prévaut l'empirisme bien plus que la rationalité et l'intellectualisme (Osborn, 2003), les stagiaires anglais ont été surpris par le niveau d'abstraction :

> « Les maths n'étaient pas abordées de façon pratique... aucun support incitatif... rien de pratique du tout. Il se tenait devant eux et se contentait d'expliquer. »

1. En français dans le texte. *(NdT)*.

Un autre stagiaire anglais a critiqué un cours de maths sur les conversions, sujet dont le stagiaire pensait qu'il se prêterait tout naturellement à une application pratique mais qui fut présenté comme un exercice intellectuel:

> « Tout ce que j'ai retenu de ce qu'il a fait, c'est qu'il écrivait les tables et leur équivalent au tableau... Dix mètres valent tant de décimètres... et de kilomètres, de centimètres et de millimètres. Et puis ils ont recopié ces tables, environ cinq tables différentes, et c'est en gros ce qu'ils ont passé leur temps à faire: recopier des tables et leurs équivalents. »

L'organisation au sein de la classe

Ce qui a peut-être le plus choqué les stagiaires anglais dans les classes françaises a été l'absence de différenciation pédagogique et de travail en groupe. Les stagiaires anglais ne pensaient pas que le postulat français suivant lequel le même résultat pouvait être obtenu avec chaque enfant pouvait fonctionner. Ils ont critiqué les cours où les enfants ayant les meilleures capacités n'étaient pas suffisamment stimulés, alors que ceux dont les capacités étaient les plus réduites n'essayaient même pas d'exécuter la tâche demandée. Ils avaient l'impression que l'enseignement n'était guère conçu pour tirer le meilleur parti de ces deux types d'enfants:

> « Certains enfants avaient systématiquement terminé leur travail avant les autres et on ne leur donnait aucune tâche sur laquelle ils auraient pu enchaîner.... et il y avait d'autres enfants qui terminaient rarement, eux.... C'était terrible parce que les enfants aux deux extrémités de la classe étaient par moments assis là à ne rien faire. Quelques-uns se débattent avec leurs problèmes ou ne tentent rien parce qu'ils savent qu'ils n'y arriveront pas, alors que d'autres liquident ce qu'ils ont à faire en moins de temps qu'il faut pour le dire et semblent ne jamais en avoir assez. »

Les stagiaires anglais ont émis des rapports négatifs portant sur différents exemples: des enfants dyslexiques à qui l'on n'apporte pas d'aide spécifique, un groupe classe composé d'élèves d'âges différents traité comme deux classes indépendantes, des cours inadaptés aux enfants de la classe en question. Ils ont également émis des critiques sur le manque de différenciation en éducation physique qui fait que, lors d'un entraînement au *tackle* au rugby, des filles étaient opposées à des garçons, des enfants de petite stature à des plus grands, des enfants doués à d'autres moins à l'aise. Les stagiaires anglais ne parvenaient pas à comprendre la logique à l'œuvre derrière ce manque de différenciation. Ils ne partageaient pas les valeurs françaises sous-jacentes d'égalitarisme et d'universalisme, suivant lesquelles on considère qu'il est plus juste de traiter tous les enfants de la même façon. Leurs valeurs à eux étaient les valeurs toutes anglaises du particularisme, selon lesquelles on considère qu'il est plus juste de traiter chaque enfant différemment.

L'évaluation

Les stagiaires dans leur ensemble, qu'ils soient anglais ou français, ont été surpris par les modes d'évaluation qu'ils ont observés dans le pays d'échange. Les stagiaires anglais ont critiqué l'approche plus ouvertement négative de l'évaluation dans les classes françaises. Ils ont fait les observations suivantes :

> « C'est l'opposé du système comportemental de récompense où l'on récompense… on reconnaît la réussite… on récompense les individus selon leur mérite… pas seulement scolaire mais aussi personnel et on fait la différence… (au lieu de ça, il y avait) une atmosphère plus négative où on sanctionne les fautes que vous faites, ou si vous faites quelque chose qui ne correspond pas aux normes. »

Les stagiaires anglais ont eu l'impression que les élèves français qui étaient en situation d'échec souffraient des effets de cette évaluation négative :

> « Ça marchait pour ceux qui avaient de bonnes notes parce qu'ils étaient vraiment contents mais je ne sais pas trop pour les autres. »

Dans l'esprit des Anglais, la relation entre l'évaluation, l'estime de soi et la motivation était manifeste :

> « Chez nous, on essaie de protéger nos élèves contre le mot « échec ». Dans les écoles anglaises, il s'agit aussi de construire l'estime de soi… faire en sorte que l'enfant se sente valorisé comme individu. Nous essayons d'empêcher les enfants d'avoir l'impression qu'ils ne peuvent pas faire certaines choses aussi bien que d'autres en différenciant leurs tâches, de manière à ce qu'ils soient confrontés à des tâches qu'ils peuvent mener à bien… alors qu'en France, ils font tous la même chose, si bien que si vous pensez que vous ne pouvez pas faire ceci ou cela, vous n'êtes pas nécessairement le seul dans ce cas. »

Dans les salles de classe françaises, l'échec est plus répandu et plus acceptable parce que sous-tendu par la notion d'universalisme et par un rôle plus réduit joué par les élèves. Le mot « échec » ne fait pas partie du discours anglais sur l'école primaire parce qu'il ne saurait coexister avec le contexte sous-jacent de motivation intrinsèque, d'individualisme et avec celui de l'enfant perçu comme un être global. Ainsi, l'échec provoque moins de dégâts à l'échelle individuelle en France parce qu'il n'affecte l'enfant qu'en tant qu'élève, alors que les Anglais ont tendance à considérer que cet échec touche l'enfant dans toute sa personne, avec toutes les conséquences néfastes que cela peut entraîner pour l'estime de soi et la motivation.

La relation entre l'évaluation et le comportement des enfants a également été mise en évidence. Les stagiaires anglais ont commenté l'importance donnée au rôle joué par l'évaluation positive dans la gestion du comportement durant leur stage :

> « On nous enseigne… et on nous enseigne que ce n'est pas quelque chose qui va de soi, de façon naturelle… d'avoir un mode de gestion de la classe qui consiste à encourager les enfants, alors que là, on n'a rien vu de tel, on élève le ton, on crie, on frappe sur la table pour s'assurer le contrôle de la classe. »

Les stagiaires anglais ont en revanche été agréablement surpris par l'absence relative de valorisation liée au comportement, à la posture, etc., pour gérer la façon dont les élèves se comportent dans les salles de classe françaises. Quelques stagiaires anglais ont fait un lien avec la différence d'ordre culturel faite entre la valeur que chaque pays accorde à l'éducation et au fait qu'en France, on s'attend davantage à ce que les enfants soient naturellement motivés et se comportent bien :

> « Les enfants se tenaient en général vraiment très bien, ils étaient là pour apprendre, ce qui faisait vraiment du bien. » [Une école de ZEP].
>
> « Je pense que l'autre impression que j'ai eue, c'est qu'en France, tout le monde veut faire de son mieux. Ça semble aller de soi. »
>
> « Ils attendent presque des enfants qu'ils soient des adultes en miniature... Ils devraient déjà intérioriser ce code de conduite. Ils devraient tout simplement se comporter de la façon dont on attend qu'ils se comportent. »

Les différences culturelles dont les stagiaires anglais ont fait l'expérience dans les classes françaises leur ont fait apprécier le rôle joué par l'apprentissage, plus central que celui joué par le comportement proprement dit :

> « En Angleterre, on travaille sans cesse sur la façon dont la classe se comporte. Avant même de commencer à faire cours, on insiste là dessus. Les Français n'ont pas l'air de faire pareil... surtout avec les enfants les plus jeunes... avec les années du premier cycle en Angleterre, la gestion du comportement est presque... est pratiquement aussi importante que l'aspect pédagogique, l'aspect enseignement des choses. »

Quelques stagiaires anglais en ont déduit qu'il régnait dans les salles de classe françaises une plus grande décontraction qu'outre-Manche, ce qui pourrait logiquement contribuer à créer un environnement où les enseignants pourraient dialoguer avec les élèves de manière plus adulte :

> « J'ai bien aimé la façon dont les profs s'adressaient aux enfants et celle dont les enfants leur parlaient. C'est vrai qu'ils avaient parfois de véritables conversations. Parfois, je trouve que nous surprotégeons nos enfants, chez nous. Dans une classe où l'enseignant a su établir une atmosphère attentionnée, on devrait pouvoir avoir de vraies conversations. Je pense que je vais essayer. Je crois qu'il est important que les enfants puissent parler. En France, j'ai vu des enfants parler d'une manière que l'on ne verrait pas nécessairement en Angleterre. »

Les attentes relatives aux enfants

Les stagiaires anglais se sont exprimés sur la façon dont les attentes relatives aux enfants français étaient supérieures à celles auxquelles étaient confrontés leurs camarades anglais. Dans l'ensemble, les stagiaires anglais ont eu l'impression que l'on attendait trop des enfants dans les écoles françaises, tant mentalement que physiquement. Ils ont critiqué la durée des cours, beaucoup trop longue à leurs yeux – un cours de maths sans aucune consigne pratique qui a duré une heure et demie, un cours de lecture prenant appui sur les associations graphie/phonie :

> « Nous avons assisté à des cours incroyables… l'enseignant avait écrit un paragraphe au tableau et, pendant au moins une heure, ils [des élèves de 6 à 7 ans] se sont contentés de l'étudier, d'abord au niveau du mot, puis de la phrase… C'était stupéfiant. »

Les stagiaires anglais ont trouvé les journées de cours fort longues. Ils ont également trouvé les enseignants très durs dans leurs rapports avec les enfants en difficulté. Ils se sont exprimés sur la façon dont la responsabilité de l'apprentissage incombait aux enfants eux-mêmes, comme ces commentaires le montrent :

> « J'avais l'impression que l'enseignant pensait, bon, vous avez copié la règle d'orthographe, maintenant rentrez chez vous et apprenez-la, au lieu de la leur faire apprendre tous ensemble en classe. »
> « Une fois rentrés chez vous, c'est à vous d'apprendre ce que je vous ai appris. Si vous ne le faites pas, ne venez pas vous plaindre ensuite que vous ne comprenez pas. »
> « Ils était en grande partie responsables de leur propre apprentissage. L'enseignant se contentait de leur fournir l'information et les enfants devaient noter ce qui était écrit au tableau. »

De plus, les stagiaires anglais ont trouvé que l'on attendait également beaucoup trop des enfants sur le plan physique. Ils ont critiqué un cours d'éducation physique et sportive durant lequel les enfants ont dû courir près de 5 km. Il est cependant difficile de savoir si ces différences culturelles en matière d'attentes entre les deux pays concernent exclusivement les enfants ou s'il existe également des différences dans les attentes relatives aux performances des adultes.

LES STAGIAIRES FRANÇAIS ET LEUR COMPRÉHENSION DE LA PÉDAGOGIE ANGLAISE

L'enseignement

Aveuglés par leurs propres pratiques pédagogiques nationales, les stagiaires français, eux aussi, étaient parfois incapables de reconnaître l'acte même d'enseigner :

> « J'ai pas eu l'impression d'avoir vraiment vu une leçon avec une trace écrite. »

Beaucoup de stagiaires français ont été déconcertés par ce qu'ils ont considéré comme un manque d'enseignement formel des concepts de base dans les classes anglaises, malgré l'introduction en Angleterre de l'heure dite « de calcul et de lecture ». Par exemple, les stagiaires français ont déclaré qu'ils n'avaient pas été témoins de la présentation des règles en maths, au sens où ils l'entendaient :

> « Pour faire une soustraction, il faut faire… première étape… deuxième étape… »

Ils ont également mis en cause le fait que les écoliers anglais puissent se débrouiller seuls lorsqu'ils auraient besoin de faire une soustraction par la suite, dans la mesure où ils ne pourraient guère se référer dans leurs manuels à ce qu'ils avaient déjà appris. Enfin, ils ont été sidérés par ce qu'ils ont considéré comme une absence de grammaire ou de règles d'orthographe :

> « On ne voit pas de leçons d'orthographe, de conjugaison ou de grammaire où vraiment il y a une règle ... les enfants ont la règle. »

Les stagiaires français avaient une approche de l'acte d'enseigner conditionnée par leurs propres valeurs culturelles, faites d'intellectualisme et de rationalisme, valeurs culturelles qui affectent la rigueur structurelle de l'enseignement à la française. Ils ont glosé sur l'absence dans les salles de classes anglaises de l'élément final de tout cours, l'évaluation, qu'ils ont opposée à la situation française :

> « Quand on aborde une notion on peut faire une évaluation avant, pour savoir ce qu'ils savent déjà, et puis à la fin pour savoir ce qu'ils ont retenu. »

Toutefois, l'apprentissage ludique fait maintenant partie intégrante du paysage pédagogique français et quelques stagiaires français ont été séduits par l'approche anglaise, empreinte d'empirisme :

> « Toute sa pédagogie était basée sur la recherche. »
> « Ils font tout passer sous forme de jeux... c'était impressionnant ... les maths, l'anglais, l'histoire ... il y avait des petits sketches pour raconter les cinq piliers de la religion islamique, ils ont mimé ça, ils ont fait des reportages radio. Ils étaient tout le temps en activité. »
> « L'enseignante avec qui j'étais regrettait de ne pas avoir suffisamment d'idées pour faire passer certaines notions. Elle en avait trouvé une pour les tables de multiplication et elle trouvait que les enfants progressaient beaucoup plus vite parce qu'ils avaient le plaisir de le faire. »

La dernière réaction met en lumière la relation entre les valeurs culturelles typiquement anglaises que sont l'empirisme et la motivation – le fait qu'il va de soi en Angleterre que les enfants apprennent mieux grâce à leur motivation intrinsèque.

L'organisation au sein de la classe

Quelques stagiaires français avaient du mal à accepter, et même parfois à reconnaître, la différenciation pédagogique dans les classes anglaises. Se fondant sur la perspective typiquement française d'universalisme, ils ne parvenaient pas à comprendre la raison qui faisait que les élèves de cinquième année (CM1) et ceux de sixième année (CM2) de leur école anglaise échangeaient leurs groupes en lecture et en calcul :

> « Je comprends pas comment en maths ils [les élèves de sixième année] peuvent avoir le même niveau que [ceux de cinquième année]. »

Cette stagiaire n'avait pas compris que les enfants anglais étaient regroupés par niveau et non par cible à atteindre en fonction de la tranche d'âge. Une autre stagiaire est revenue sur le principe de la différenciation pédagogique mise en œuvre dans sa classe anglaise. Elle a décrit un test de table de multiplication où les enfants pouvaient choisir la table qu'ils voulaient réciter. Tout en reconnaissant que la différenciation préservait l'estime de soi – celle de l'enfant qui avait opté pour la table de deux ne serait pas mise à mal puisqu'il risquait peu de se tromper –, elle s'est tout de même demandé si cela ne conduirait pas à faire que les enfants parviendraient à la fin du cycle primaire avec des niveaux différents en mathématiques. Elle a trouvé cette idée de différenciation pédagogique difficile à admettre dans la mesure où elle venait contredire le concept même d'universalisme, ainsi que le droit pour tout enfant d'atteindre le même niveau que les autres à la fin de la scolarité primaire. Cependant, d'autres stagiaires considéraient cette différentiation de manière plus positive :

> « Dans ma classe c'était un travail différencié dans toutes les matières. Il y avait des groupes affichés, c'était bien clair. »

Les stagiaires français se sont exprimés sur cette différenciation des résultats et sur la façon dont ce concept est lié à l'individualisation :

> « Quand on regarde les cahiers des enfants, il n'y en a pas deux qui se ressemblent ... c'est vraiment personnalisé. Quand ils écrivent une histoire ils peuvent partir dans différentes voies... chaque enfant fait sa propre histoire et c'est corrigé individuellement en respectant certaines règles générales. »

Revenant sur la relation entre individualisation et estime de soi, un stagiaire français a approuvé la séance de cinq minutes au début de chaque après-midi où les enfants pouvaient montrer à la classe leurs capacités dans des activités hors programme, par exemple faire des tours de magie, jouer d'un instrument, danser, etc. Cette pratique faisait clairement apparaître les valeurs anglaises sous-jacentes de particularisme et d'empirisme.

L'évaluation

Comme je l'ai dit auparavant, l'évaluation a constitué une question centrale pour les stagiaires. Issu d'un milieu culturel où les enfants sont peut-être plus motivés pour apprendre, où la solidarité au sein de la classe est importante, où l'estime de soi qu'ont les enfants n'est pas au centre des préoccupations de l'enseignant et où, de ce fait, l'évaluation négative peut prévaloir davantage, un stagiaire français ne parvenait pas à comprendre pourquoi les enfants anglais étaient toujours encouragés dans leur travail :

> « Même un travail qui est mal fait ... ça va déjà commencer par « C'est bien ... mais il faut revoir ça ». On se demande ce qui est « bien » parce que tout ce qui est bien est critiqué. »

Ils ont été choqués par l'utilisation de récompenses pour motiver les enfants. De plus, ils ont éprouvé certaines difficultés à comprendre les critères intervenant lors de l'évaluation des enfants. Une stagiaire a expliqué qu'elle s'est retrouvée dans une situation délicate lorsque l'enseignant anglais lui a demandé de désigner les deux élèves qui s'étaient particulièrement distingués lors du cours. Elle ne savait pas s'il fallait les choisir en fonction de leur comportement, de leur travail relativement à la classe, de leur travail relativement à leur propre niveau ou selon un mélange de tous ces critères. Elle a mis en doute la nécessité de distinguer deux élèves parmi les autres et souligné l'injustice que constituait cette sélection opérée parmi ceux des élèves qu'elle avait remarqués. Elle avait parfaitement conscience que certains enfants se font moins remarquer que d'autres et pouvaient donc échapper à cette sélection. En conséquence, elle pensait qu'il valait mieux récompenser l'ensemble de la classe.

En Angleterre, l'utilisation de récompenses individuelles ainsi que le fait de récompenser les élèves selon la perception toute subjective que l'on a de leurs capacités reflètent la valeur toute anglo-saxonne de particularisme. La valeur toute française d'universalisme, au contraire, sous-tend la pratique française des récompenses collectives. Elle explique la gêne que cette stagiaire a éprouvée lorsqu'elle s'est soudain trouvée confrontée au système anglais de récompenses individuelles.

Comme c'est le cas dans toute comparaison culturelle fondée sur un échange, cette expérience d'un travail en immersion dans un autre contexte culturel a non seulement éclairé les pratiques du pays d'échange, mais elle a également mis en lumière celles du pays d'origine. Il est intéressant de noter que les stagiaires anglais et français partageaient les mêmes opinions au sujet des pratiques pédagogiques qu'ils considéraient comme les meilleures : l'apprentissage est d'autant plus efficace qu'il est fondé sur des étapes structurelles successives ; les enfants apprennent mieux lorsqu'ils comprennent ce qu'ils apprennent et la façon dont cet apprentissage s'intègre dans ce qu'ils ont déjà appris ; enfin, la parole des enfants est importante, comme le sont les bonnes relations entre enseignant et élèves, ou la dotation dont bénéficient les écoles.

De plus, l'expérience des stagiaires a rendu perceptible les valeurs sous-jacentes qui donnent leur sens aux phénomènes de surface, ainsi que les pratiques pédagogiques observables au quotidien dans les classes primaires. Dans les écoles primaires anglaises, l'individualisme, l'enfant perçu dans sa globalité, la différentiation de la pédagogie et l'estime de soi trouvent leur origine dans une longue tradition de particularisme. L'apprentissage par le jeu et par la découverte est fondé sur des valeurs empiriques. Dans les écoles primaires françaises, au contraire, la structuration et la rigueur de l'enseignement trouvent leur origine dans le rationalisme et l'intellectualisme. L'absence de différenciation pédagogique et l'attente plus uniforme quant aux performances des enfants sont soutenues par l'importance sous-jacente accordée à l'universalisme et à l'égalité. Les pratiques d'évaluation des deux pays ont un certain rapport avec les valeurs culturelles de la vision globale de l'enfant, d'un côté, ou du rôle plus secondaire joué par les enfants, de l'autre. Enfin, la manière dont ces valeurs sous-jacentes se combinent et interfèrent au sein de chaque système a été étudiée.

On a suggéré que la tendance anglaise à évaluer davantage en positif qu'en négatif était due au fait que les Anglais considéraient l'enfant de façon globale, qu'ils se souciaient des conséquences possibles de cette évaluation sur l'estime de soi de l'enfant, qu'ils accordaient peut-être un statut moins éminent à l'éducation – ce qui pourrait affecter la motivation des enfants –, et qu'enfin ils étaient attachés aux valeurs de particularisation individuelle que l'on trouve à l'œuvre dans la promotion des enfants comme individus.

Au contraire, on suggère qu'en France, où l'évaluation est comparativement plus négative, les pratiques pédagogiques sont associées au substrat culturel qui confère un rôle fondamental à l'éducation, une valeur extrinsèque à la motivation, un rôle plus réduit à l'élève et une tonalité plus universelle aux valeurs communes.

De cette expérience d'échange pédagogique entre la France et l'Angleterre, nous pouvons retirer que la culture peut fonctionner comme une lentille qui colore ou déforme la perception et la compréhension des pratiques quotidiennes dans une salle de classe étrangère. Les stagiaires ont réagi à ces pratiques par un mélange d'incompréhension, de critique et d'éloges. Il est remarquable que certains aspects de la pédagogie, comme par exemple l'évaluation et la différenciation, étaient immédiatement identifiés comme tels par les stagiaires, qui les commentaient soit favorablement, soir défavorablement. C'est l'acte d'enseigner lui-même que ces mêmes stagiaires avaient toutefois le plus de difficulté à comprendre. Plusieurs réactions de stagiaires ont clairement montré qu'à certains moments, ni les Français ni les Anglais n'étaient parvenus à reconnaître cet enseignement lors de l'échange, alors même qu'il se déroulait sous leurs yeux. Ces moments au cours desquels les enfants apprenaient de nouveaux concepts, de nouveaux savoir-faire ou de nouveaux faits par l'entremise active des enseignants n'avaient parfois aucun sens aux yeux des stagiaires en situation d'observateurs. Le modèle culturel d'enseignement que chaque groupe de stagiaires avait absorbé au contact de son système national d'éducation, tant comme élèves que comme futurs enseignants, a affecté leur capacité à comprendre les processus et le sens même d'un enseignement placé dans un contexte différent. Certes, les stagiaires observaient bien un enseignement mais, privés de la simple compréhension de la réflexion et de la lisibilité pédagogiques propres au pays d'échange (Alexander, 2001), ne parvenaient pas à comprendre certains de ces actes d'enseignement.

Les implications de cet état de fait sont tout d'abord que, loin d'être un concept scientifique universel, l'enseignement est le produit d'une culture dont le sens est défini par son contexte. En second lieu, les définitions nationales de l'enseignement doivent être remises en question et reformulées à la lumière de contextes culturels croisés.

BIBLIOGRAPHIE

ALEXANDER R. (2001): "Border Crossings: Towards a Comparative Pedagogy", *Comparative Education* 37 (4) November 2001, pp. 507-523.

BOURDIEU P. (1976): "Systems of education and systems of thought", in R. Dale, G. Esland, M. Macdonald, *Schooling and Capitalism,* London, Routledge and Keagan PaulNewman, E. *et al.*, (2004) "You just can't do it like that – it's just wrong! Impressions of French and English trainee primary teachers on exchange placements in primary schools abroad: the value of experiencing the difference", *European Journal of Education* Vol. 27, No 3, pp. 285-298.

OSBORN M. *et al.* (2003): *A world of difference? Comparing learners across Europe,* Open University Press, Maidenhead, UK pp. 101-124.

PLANEL C. (2008): "The rise and fall of comparative education in teacher training; should it rise again as comparative pedagogy?", *Compare* Vol. 38, No 4, pp. 385-399.

Être élève en Angleterre et en France*

Marilyn Osborn

Le contexte social et culturel dans lequel l'enseignement et l'apprentissage se réalisent peut avoir un impact profond sur l'expérience en classe des enseignants aussi bien que des élèves, sur les attitudes vis-à-vis de l'apprentissage et sur les résultats de celui-ci. Apprendre et enseigner sont toujours « en situation » dans un décor particulier, et il y a une relation symbiotique entre les classes et la culture ou la société (Bruner 1996, Alexander 2000).

Cet article se réfère à une étude comparée conduite dans le cadre d'une série d'enquêtes internationales menées en France et en Angleterre pendant deux décennies (Broadfoot et Osborn 1993, Broadfoot *et al.* 2000, Osborn *et al.* 1997, 2000, 2003). Ces différentes études interrogent les perspectives des enseignants et des élèves, la prise de décision politique, et les pratiques de classe en Angleterre et en France. Elles utilisent toutes une approche comparée pour mettre en lumière les éléments clés des processus d'enseignement et d'apprentissage et mettent particulièrement l'accent sur l'impact des changements de politique éducative dans les deux pays, ainsi que sur les défis que ces changements imposent aux enseignants, contraints de modifier plus ou moins fondamentalement leurs représentations professionnelles.

Les traditions culturelles et l'enseignement

À partir de l'analyse des instructions officielles, de questionnaires et d'entretiens avec des directeurs d'établissement, des professeurs et des élèves, nos recherches permettent d'identifier de profondes traditions culturelles dans les deux systèmes éducatifs, anglais et français. En Angleterre, une forte tradition d'autonomie locale, d'intervention associative et religieuse et une offre scolaire différenciée ont promu une pédagogie individualisée, centrée sur l'enfant, qui a historiquement considéré les élèves en fonction de leurs besoins et de leurs capacités individuelles spécifiques, requérant différents types et niveaux de prise en charge scolaire.

À l'inverse, en France, l'éducation a été organisée en fonction de l'idéal républicain qui considère que l'État a le devoir d'offrir une éducation universelle qui assure l'égalité des chances pour tous (Osborn *et al.* 2003). Traiter les

* Article traduit par Valérie Téhio.

élèves de façon différente a traditionnellement été conçu comme moralement inacceptable, voire illégal. Le système français est fondé sur la notion de citoyenneté et sur la promotion de valeurs nationales et de solidarité sociale. Son but est d'absorber et d'intégrer les différences plutôt que de leur permettre de coexister ; en d'autres termes, de produire la conformité à un idéal de « jeune citoyen français » (Raveaud 2006).

Ces différences dans les traditions culturelles nationales se répercutent sur l'organisation et les pratiques qui caractérisent les deux systèmes éducatifs. On les retrouve en particulier dans l'accent que les deux systèmes mettent sur la fonction cognitive (inculquer savoirs et compétences), ou sur la fonction affective (modeler les comportements des élèves et leurs valeurs). En Angleterre, le système tente de promouvoir les deux objectifs de développement personnel cognitif/académique et affectif/social et met l'accent sur la différenciation et l'individualisation (Best 1998, DfEE, 1997). En France, l'accent est mis principalement sur le versant académique plutôt qu'affectif de l'éducation et on insiste sur le républicanisme et l'universalisme (OECD 1997, Sharpe 1997, Osborn 2001).

Récemment, des tensions internes aux deux systèmes et certaines préoccupations concernant les standards, l'efficacité et la nécessité de rendre des comptes ont conduit les deux pays à prendre de nombreuses initiatives politiques. En Angleterre, de récentes réformes ont associé une croissante régulation, centralisée autour des programmes et de l'évaluation, à une plus grande autonomie des établissements, au moins en termes financiers. Un quasi-marché a été développé, avec l'éducation conçue comme un service au consommateur. L'accent s'est déplacé vers le cognitif plutôt que vers les préoccupations de développement personnel.

En France, une conscience accrue du pluralisme de la société française a amené des réformes qui ont commencé à rendre possible un pouvoir décentralisé, encore limité, et ont aussi provoqué des appels à un élargissement du rôle de l'enseignant pour qu'il inclue le développement de l'enfant.

Recherche comparée sur les classes, les enseignants et les élèves

Cet article présente une série d'études conduites, comme nous l'avons indiqué plus haut, dans le but de mettre en lumière les influences culturelles qui entrent en jeu dans les valeurs des enseignants et dans les pratiques de classe ; nous avons également comparé le sens et la pratique de l'évaluation tels qu'ils sont perçus par les enseignants et les élèves, afin d'en démontrer l'aspect relatif.

Les pratiques pédagogiques

L'étude QUEST (Qualité des systèmes éducatifs au niveau transnational) (Broadfoot *et al.* 2000) a utilisé des évaluations en langue et en mathématiques aussi bien que des entretiens, questionnaires et observations de classe pour montrer combien la performance des élèves diffère dans chaque pays et pour explorer les raisons pédagogiques et culturelles de ces différences. Des études ont été menées dans des écoles de quatre zones contrastées d'Angleterre et de France. L'enquête a cherché à analyser le sens des différences nationales en matière d'enseignement et d'apprentissage en Angleterre et en France et à comparer la représentation qu'ont les élèves de l'apprentissage et de l'évaluation.

L'étude conclut que les attitudes et traditions nationales, profondément ancrées, sont, dans une certaine mesure, réfractaires au changement. Malgré les réformes anglaises qui renforcent le pouvoir central et les tentatives françaises de créer plus de diversité, le système anglais continue à être caractérisé par l'individualité et la diversité, alors que le système français demeure une structure centralisée et bureaucratique.

Ainsi, malgré une *Loi d'orientation* (1989) en France qui promouvait une approche éducative plus centrée sur l'enfant et une plus grande autonomie des établissements pour organiser l'apprentissage, les pratiques de classes observées n'ont pas fondamentalement changé. Les cours restent centrés sur l'acquisition de compétences selon des niveaux standardisés nationaux, sur un style d'enseignement transmissif et sur la conduite de la classe comme unité. Les classes françaises observées sont centrées sur le travail et organisées de manière relativement formelle. Les enseignants ont des attentes explicites en termes de performance et les enfants savent précisément s'ils travaillent bien ou non, sur la base d'une notation régulière et publique. De mauvais résultats en classe peuvent conduire à la désapprobation, voire à l'humiliation de la part de l'enseignant. La satisfaction des élèves est souvent liée à la preuve de leur réussite scolaire et les élèves sont ainsi poussés à travailler davantage. Les élèves sont capables de parler de leurs progrès ou de leur manque de progrès de manière construite et sont conscients des raisons de leur réussite ou de leur échec. La réussite scolaire est vue par les enseignants et les élèves comme liée directement à l'effort, ce qui peut expliquer également la pratique du redoublement au lieu d'une différenciation de l'enseignement en fonction des niveaux d'acquisition des élèves dans la classe. Selon les propos d'un élève français, « un bon maître doit faire travailler dur ses élèves ».

Au contraire, l'éducation primaire anglaise manifeste une préoccupation permanente pour « l'enfant dans sa globalité » et pour l'école comme communauté. L'accent est mis sur un apprentissage attrayant et sur des contenus d'enseignement variés. Les enseignants pensent qu'ils doivent prendre en compte le contexte émotionnel de l'enfant et que les enfants apprennent mieux s'ils ont une bonne relation avec leur professeur et s'ils ont du plaisir à faire les tâches variées et différenciées qu'on leur propose. Ce point est confirmé par les élèves quand ils indiquent ce que doit être un bon enseignant : « les bons enseignants ne font pas toujours travailler dur, ils nous proposent aussi des jeux et ne sont pas stricts tout le temps ».

Cependant, le souci de répondre à la fois aux préoccupations cognitives et affectives des élèves, un travail administratif croissant et de fortes pressions extérieures provoquent parfois beaucoup de stress chez les enseignants et la sensation d'être surchargés. Ils expriment le sentiment de « courir après la perfection », impossible à atteindre, tandis que leurs élèves ont une idée moins claire que les élèves français de leurs résultats et de leurs progrès.

Globalement, l'étude QUEST révèle que, malgré une récente convergence entre les valeurs qui sous-tendent les systèmes français et anglais, on attend toujours des élèves anglais qu'ils atteignent des niveaux différents d'acquisition en fonction de leurs capacités innées, selon la politique gouvernementale. À l'inverse, on attend des élèves français qu'ils atteignent un même niveau et cette réussite dépend des efforts qu'ils sont prêts à consentir. L'accent mis sur un résultat commun plutôt que sur une différenciation de l'apprentissage a un impact important sur les critères d'évaluation. L'école en France partage des valeurs qui reflètent le poids culturel des principes égalitaires universels par opposition aux valeurs individuelles anglaises qui se reflètent dans la croyance que l'enseignement doit être différencié en fonction des « besoins » de chaque enfant.

L'évaluation des élèves

Quand nous avons comparé les approches des enseignants français et anglais vis-à-vis de l'évaluation de l'écrit chez les enfants (Osborn et Planel 1999), nous avons découvert que les enseignants français attendent un écrit correct et conforme à un modèle prédéfini, alors que les enseignants anglais valorisent la créativité, la divergence et mettent l'accent sur le « processus » plutôt que sur le « produit ». Les enseignants français utilisent davantage un langage négatif et des sanctions, ainsi qu'une notation précise, tandis que les enseignants anglais font des commentaires ouverts (Sharpe 1992).

Ces découvertes ont trouvé un écho dans la recherche conduite par Raveaud (2006) sur des jeunes enfants (âgés de 4 à 6 ans) en Angleterre et en France. Les pratiques d'évaluation observées ont confirmé la nature culturellement contextualisée de concepts éducatifs clés, et ont fonctionné comme un miroir grossissant révélant les différentes priorités des systèmes éducatifs anglais et français (Raveaud 2004). Ainsi, Raveaud a montré que ce qui est considéré comme une « erreur » quand les élèves apprennent à écrire est une construction sociale. Dans les classes observées en Angleterre, écrire est lié à la communication et à l'expression, quel que soit le degré de compétence des élèves en orthographe. Les stratégies « d'écriture émergente » sont encouragées. Par opposition, les élèves français ont moins la possibilité d'écrire leurs propres textes ou de conduire des activités d'écriture créatrice : ils sont supposés écrire les mots correctement dès qu'ils commencent à écrire, afin de ne pas mémoriser des erreurs. Jusqu'à ce qu'ils aient maîtrisé les bases, la plupart des travaux écrits consistent à copier les mots écrits au tableau ou dans un livre, en cohérence avec les programmes français.

L'accent se déplace du résultat d'une tâche à l'acte d'apprentissage et souligne soit le produit soit le processus de l'apprentissage (Osborn et Broadfoot 1992).

Le tableau suivant résume certaines caractéristiques différentielles découvertes au cours de ces études.

Caractéristiques des pratiques de classes

	Angleterre	France
Accent mis sur	le processus d'apprentissage	le produit de l'apprentissage
Critères d'évaluation	en lien avec le niveau d'acquisition propre à l'enfant	absolu, en référence à des critères généraux
Type d'enseignement	fréquemment différencié en fonction des résultats des élèves	identique pour tous
Valeurs	individualisme	universalisme
Relation enseignant/élève	accent mis sur l'affectif	accent mis sur le cognitif
Enjeux institutionnels pour les élèves	regroupement, répartition en niveaux, orientation	redoublement

Il est frappant de voir, à travers ce tableau, combien les pratiques de classes observées restent fidèles aux caractéristiques d'origine et résistent au changement, alors que le discours politique de chaque pays semble essayer de faire converger les deux systèmes éducatifs.

L'attitude des élèves

Une étude plus tardive consacrée aux élèves de collège (Osborn *et al.* 2003) rassemble des données quantitatives très larges et des études de cas sur les expériences et les attitudes envers l'apprentissage chez un échantillon de jeunes entre 12 et 14 ans dans trois pays : 1 800 élèves ont répondu à des questionnaires et un plus petit nombre a été interviewé individuellement ou en groupe. Leurs professeurs et professeurs principaux ont également été interviewés. L'enquête avait pour but d'évaluer les ressemblances et les différences dans les attitudes d'apprentissage en Angleterre, en France et au Danemark. Nous voulions savoir en quoi le contexte national et les valeurs culturelles ainsi que le contexte familial et social, le genre et l'origine ethnique avaient une influence sur les attitudes envers l'apprentissage dans chaque pays et si l'expérience des enseignants et des élèves tendait à se ressembler davantage et à « converger » dans le contexte de l'européanisation, de la mondialisation et de l'internationalisation de la culture adolescente.

Il s'agissait d'essayer de fournir une image complète des valeurs, des représentations et des traditions qui avaient une influence sur les enseignants et les élèves dans chaque système éducatif. Mais il s'agissait aussi de faire valoir comment ces élèves effectuaient des médiations et des interprétations par lesquelles ils développaient leurs propres perspectives spécifiques d'apprenants.

Nos découvertes montrent que les représentations que les jeunes ont d'eux-mêmes en tant qu'élèves et leur expérience en classe sont très influencées par leur environnement éducatif et culturel, et que ceci a, en retour, un fort impact sur leurs perspectives d'avenir. Bien sûr, l'histoire personnelle et familiale joue également un rôle important. Mais quand on étudie les représentations de l'apprentissage et de la scolarité des jeunes anglais et français, on trouve des différences notables qui reflètent les priorités nationales identifiées plus haut.

En Angleterre

Les élèves anglais du secondaire sont loin d'être positifs sur la scolarité et l'apprentissage. Beaucoup expriment l'envie de quitter l'école dès qu'ils le pourront et estiment que l'école obstrue leur chemin dans la vie. Mais beaucoup mettent aussi l'accent sur leurs enseignants qui sont soucieux de voir les élèves exprimer leurs idées personnelles, et les traitent comme des personnes. De façon encourageante, ils ressentent aussi qu'ils ont un bon retour sur leur travail de la part de leurs professeurs et que les enseignants les font travailler dur. Leurs réponses font aussi écho aux préoccupations traditionnelles de l'éducation anglaise en ce qui concerne le développement global de la personne et les politiques actuelles mettant l'accent sur l'individualisation et la différenciation.

En France

Les élèves français rapportent au contraire une expérience scolaire qui manque de dimension personnelle et sociale, évoquant une classe distante et relativement formelle, une relation à l'enseignant excessivement orientée vers les objectifs cognitifs. Cela n'est pas perçu négativement car beaucoup n'aiment pas l'idée de développer une relation plus étroite avec leurs enseignants ou d'avoir des enseignants plus proches de leurs familles et de leur vie personnelle. Cela reflète la séparation entre le personnel et le public qui marque de nombreux aspects de la vie et des valeurs françaises. Cependant, ils ne pensent pas recevoir l'appui dont ils ont besoin de la part de leurs professeurs pour améliorer leur travail. Il y a sur ce point une grande différence entre les garçons et les filles, les garçons français étant, de tous les élèves de l'enquête, les moins positifs vis-à-vis de l'école et des enseignants. Malgré l'accent mis sur l'universalisme et sur un traitement égal de tous les enfants, les élèves s'inquiètent fortement d'avoir des enseignants qui ne respectent pas les élèves et n'expliquent pas bien.

Deux expériences d'élèves

Les deux exemples qui suivent sont ceux de jeunes élèves des deux pays. Ils identifient quelques thèmes communs, spécifiques aux contextes nationaux dans lesquels les jeunes gens et leurs enseignants se situent (on trouvera une étude de cas complète sur l'expérience des élèves en classe dans l'ouvrage *A World of Difference: comparing learners across Europe* (Osborn *et al.* 2003).

Isabelle, en France

Isabelle est élève dans un collège français de la banlieue parisienne. Conformément au principe républicain d'égalité des chances à ce niveau de la scolarité, le regroupement des élèves en fonction de leurs capacités est, en principe, interdit par la loi. Cependant, pour s'adapter aux rythmes d'apprentissage de chaque élève, le temps passé dans chaque niveau ou cycle peut être réduit ou augmenté de telle sorte que certains camarades de la classe d'Isabelle ont deux ans de plus que la moyenne. Contrairement à l'école anglaise décrite plus bas, le collège d'Isabelle ne cherche pas particulièrement à créer une culture ou une identité d'établissement et les élèves ne sont pas encouragés à s'identifier particulièrement à leur collège. La responsabilité à l'égard des élèves et de leur comportement s'arrête aux portes du collège.

La priorité du professeur principal de la classe d'Isabelle est le progrès académique des élèves. Il est clair sur son rôle et sur ses limites ainsi que sur le fait que les aspects sociaux et personnels de l'apprentissage des élèves sont du ressort de ses collègues de la vie scolaire. Il apprécie l'appui qu'il retire de ces collègues.

Il considère qu'il est important que tous les élèves reçoivent le même savoir et aient la même expérience, il est opposé à la sélection et ce, malgré la difficulté à enseigner à des groupes hétérogènes. Ses propres objectifs spécifiques sont que le plus possible d'élèves atteignent le niveau académique suffisant pour passer au niveau supérieur, mais il reconnaît que certains de ses collègues ont des objectifs plus larges. Il pense qu'« il est important que les élèves apprennent quelque chose... leur socialisation n'est pas [s]a priorité, la seule chose qui [lui] importe c'est [s]a discipline. »

Les enseignants français ont, dans notre étude, une représentation très orientée et circonscrite de leur rôle conformément à leur statut de fonctionnaire. Ils maintiennent typiquement une distance professionnelle avec les parents d'élèves, reflétant ainsi la forte distinction entre les sphères privée et publique, issue d'une conception républicaine, que le système éducatif français établit. Ils mettent l'accent sur l'enseignement de leur discipline et ils se donnent pour objectifs spécifiques d'encourager leurs élèves à être intéressés par cette discipline et de faire atteindre au plus grand nombre le niveau suffisant pour passer dans la classe suivante. Ils sont généralement très clairs sur les limites de leur rôle professionnel et sur le relais avec les personnels non enseignants de l'établissement pour tout ce qui relève des aspects sociaux et émotionnels de leurs élèves. Cependant, ce rôle traditionnel de l'enseignant est en train de changer, surtout à cause d'initiatives politiques et de demandes différentes exprimées par les populations scolaires dans les zones difficiles. Certains enseignants commencent à avoir une représentation plus large de leur rôle, incluant une dimension affective.

Isabelle a de bons résultats mais elle considère l'école de façon instrumentale comme le moyen d'obtenir des diplômes et de s'assurer une carrière future. Beaucoup de ses camarades partagent ses vues et ses aspirations. Ils utilisent les termes d'« esclaves » et de « robots » pour décrire leur rôle dans leur relation aux enseignants : « les professeurs, ils méprisent les élèves. Nous, on est des enfants et ils ne considèrent pas vraiment ce qu'on dit. Ils disent : "ça nous concerne pas" ».

Ils estiment dans l'ensemble que les enseignants cherchent surtout à faire réussir les élèves aux examens. Cependant ils acceptent le style d'enseignement/apprentissage dominé par le professeur et le manuel qu'ils vivent souvent comme un moyen en vue d'une fin plutôt que comme une fin en soi agréable. Isabelle ne veut pas avoir des relations plus proches avec ses enseignants, et surtout pas en lien avec sa vie extrascolaire. Elle est horrifiée à l'idée qu'un enseignant puisse aussi être un ami ou connaisse bien son environnement familial. Comme beaucoup de ses camarades, et à l'image du système éducatif dans son ensemble, elle établit une forte distinction entre les sphères publique et privée (Sharpe, 1997, Dubet *et al.* 1996, Raveaud 2003).

Richard, en Angleterre

Richard est élève dans un grand établissement non sélectif dans le sud de l'Angleterre où tous les élèves portent un uniforme et où le professeur principal, comme tous les enseignants, cherche à renforcer l'identité de l'école à travers le port de l'uniforme, le rassemblement quotidien de tous les élèves (*assembly*) et d'autres symboles de la culture de l'établissement. Il est entré dans cet établissement il y a un an, à l'âge de 11 ans, et reçoit l'enseignement de beaucoup de professeurs différents, spécialistes de leurs disciplines, même s'il a un tuteur de groupe qui fait l'appel au début de chaque matinée et après-midi. Les élèves sont regroupés en fonction de leur niveau, dans beaucoup de cours.

En plus de sa discipline d'enseignement, la tutrice du groupe de Richard est responsable d'un groupe particulier d'élèves. Son rôle consiste à veiller aux besoins sociaux et émotionnels de ce groupe et à servir de relais initial avec les parents et les familles. Son temps comme enseignante est de plus en plus contraint par des programmes très prescriptifs qui incluent non seulement des compétences académiques mais aussi des objectifs de développement personnel. Elle se sent de plus en plus sous pression pour atteindre les niveaux requis et les objectifs fixés par le gouvernement. Elle se sent souvent surchargée de travail et stressée, notamment par rapport à un système d'inspection intense : « ils pensent que je suis un peu stricte mais ces mêmes enfants peuvent aussi passer un moment à rire avec moi. Comme tutrice, je dois être attentive aux besoins des enfants, d'une autre façon que pour les besoins académiques ».

Richard a déjà connu une évaluation externe à 7 ans et à 11 ans. Il connaîtra d'autres évaluations importantes, à 14 et 16 ans, mais il est aussi évalué régulièrement par des contrôles et des notes données par ses professeurs. Richard s'attend à avoir une relation individualisée avec au moins certains de ses enseignants mais ne va pas jusqu'à qualifier un de ses professeurs d'« ami ». L'enseignant idéal est celui qui respecte les élèves, explique bien, donne des cours intéressants, et est ferme mais juste. Il aime particulièrement les enseignants qui sont drôles et avec qui « on peut rire un bon coup ».

Globalement, Richard aime bien ses professeurs et son école. Il est conscient de l'importance de l'éducation pour sa carrière et son métier futurs. Il voit l'école comme un lieu qui met l'accent sur l'obéissance aux règles institutionnelles mais il trouve aussi qu'il a l'occasion d'exprimer ses propres idées et opinions. La fonction sociale de l'école est très importante pour lui et il en attend de rencontrer des amis et de s'amuser. Il lui est souvent difficile de faire la part entre le besoin d'être apprécié et de s'adapter à son groupe d'amis et le besoin de se concentrer sur le travail académique. La négociation de cet équilibre lui prend beaucoup de temps et d'énergie.

En tant que garçon, il est particulièrement difficile à Richard de gagner la reconnaissance de ses amis s'il est perçu comme travaillant trop. La négociation de son identité sociale lui impose de se positionner comme « copain » qui fait rire les autres, chahute ou s'oppose aux enseignants, au moins de temps en temps.

Malgré les différences, les jeunes gens des deux pays partagent certaines valeurs par rapport à leur scolarité. En particulier le « respect » que les enseignants doivent montrer à l'égard des élèves, l'idée que l'enseignement doit être actif, intéressant et que les cours doivent comporter des éléments de plaisir ou d'humour.

La gestion des différences

Ces vignettes ne reflètent pas entièrement les différences entre filles et garçons, entre enfants d'origines sociales ou ethniques différentes, telles que nous les avons rencontrées au cours de l'étude. Les différences liées au genre et aux inégalités sociales et raciales transparaissent dans les représentations des élèves des deux pays, mais sont gérées différemment par les deux systèmes éducatifs, ce qui amène des expériences différentes chez les élèves. Le discours politique français nie l'importance de la différence ethnique dans le système éducatif, considérant que différencier mettrait en danger la cohésion sociale et l'identité nationale. Des questions telles que l'interdiction du port du voile en France viennent directement de cette non reconnaissance de l'ethnicité et de la différence. Les politiques anglaises, de leur côté, reconnaissent la diversité mais portent relativement peu d'attention à l'équité (Osler et Starkey 2001).

Nos résultats suggèrent que, dans les classes anglaises où la culture scolaire est caractérisée par la fragmentation (au sens de circulation des élèves entre les groupes) et la différenciation entre les élèves, ceux qui viennent de milieux désavantagés doivent consacrer une plus grande énergie à maintenir un équilibre entre identité sociale et identité académique, ceci étant particulièrement frappant pour les garçons. En France, pour réussir, les élèves doivent souvent adopter une attitude stratégique vis-à-vis du système scolaire qui ne prend que peu en compte l'expérience familiale, la vie adolescente ou les centres personnels d'intérêt. Il arrive que certains des élèves de milieux défavorisés ou en échec rejettent complètement l'école qu'ils considèrent comme non pertinente pour eux. En revanche, les élèves en réussite sont ceux qui négocient des stratégies efficaces pour gérer leur relation avec le système.

La recherche d'efficacité

Les deux pays sont préoccupés par les standards, l'efficacité et la nécessité de rendre des comptes. En Angleterre, cette préoccupation a pris la forme de réformes insistant sur la culture de la performance et la création d'un quasi-marché de l'éducation dans lequel les jeunes font l'objet d'une presque constante évaluation. Un grand nombre de projets de recherche suggèrent que cela entraîne une désaffection à l'égard de l'école et de l'apprentissage lui-même (Pollard *et al.* 2000, Alexander 2000). En France apparaissent un souci de flexibilité et d'adaptation, pour ceux qui quittent le système éducatif, et une préoccupation autour de la violence, dans et en dehors des écoles.

Grâce à cette recherche, on a pu situer les élèves français et anglais sur une échelle intégrant les éléments suivants : jusqu'à quel point sont-ils vus dans le système éducatif comme des « élèves » ou comme des « personnes » ? ; quelle distance est jugée souhaitable dans la relation enseignants/élèves ? ; quelle est la nature de la relation entre les élèves et quel est l'équilibre entre les sentiments négatifs et positifs des élèves vis-à-vis de l'école ? Il est frappant de voir combien les difficultés à maintenir un équilibre entre le statut d'élève et l'identité sociale sont plus fortes dans le système anglais, dont la culture est marquée par la plus grande fragmentation et la plus grande différenciation entre les écoles.

Cette recherche montre combien ce qui se passe dans les classes est construit socialement et culturellement. Cela prouve que l'identité de l'enseignant et de l'apprenant est définie et redéfinie en fonction des contextes différents.

De récentes mesures gouvernementales, en Angleterre, soulèvent à nouveau la question de savoir dans quelle mesure nous allons vers une notion d'« enseignant européen » et peut-être, par extension, d'« élève européen ». La manière dont les pratiques de classes sont définies par la politique gouvernementale en Angleterre a complètement changé depuis ces vingt dernières années, suite à de constantes réformes. Elle semble devoir changer encore davantage, se rapprochant du modèle français, lui-même proche de celui de la Belgique, de l'Italie, de l'Espagne et du Portugal. Notre recherche suggère qu'en dépit des pressions poussant à l'européanisation, à la mondialisation et à une définition de plus en plus harmonisée de politiques éducatives, et malgré les pressions autour de la culture de la performance à l'égard des enseignants autant que des élèves, ce sont les traditions historiques et culturelles distinctes qui déterminent la manière dont ces politiques sont interprétées et adaptées dans les classes. Cela souligne l'importance de la compréhension du contexte culturel et social dans lequel l'enseignement et l'apprentissage prennent place et de la conscience croissante que les enseignants ont de la nature « contextualisée » de leurs croyances et de leurs pratiques.

Bibliographie

ALEXANDER R. (2000) : *Culture and Pedagogy: International Comparisons in Primary Education*. London: Blackwell.

ALEXANDER R., OSBORN M. & PHILLIPS D. (eds) (2000) : *Learning from Comparing*, Vol 2: Policy, Professionals and Development, Symposium Books.

Best (1998) : « The development of affective education in England », in LANG P. (ed) *Affective Education: a comparative view* (London, Cassell).

BROADFOOT P. & OSBORN M. with Michel GILLY and Arlette BUCHER (1993) : *Perceptions of Teaching: Primary school teachers in England and France*, London : Cassell.

BROADFOOT P., OSBORN M., PLANEL C. & SHARPE K. (2000) : *Promoting quality in learning. does England have the answer?* London : Cassell.

Department for Education and Employment, Great Britain (June 1999) : *Learning to succeed: a new framework for post-16 learning.* White paper presented to Parliament by the Secretary of State for Education and Employment by command of Her Majesty, London: Stationery Office.

DUBET F. & MARTUCELLI D. (1996) : *À l'Ecole*, Paris, Éditions du Seuil.

OECD (2001): *Knowledge and Skills for Life: first results from PISA 2000*. Consultable en ligne: http://www.pisa.oecd.org

OECD (2004): *Learning for tomorrow's world: first results from PISA 2003*. Consultable en ligne: http://www.pisa.oecd.org

OSBORN M. (2001): « Constants and Contexts in Pupil Experience of Learning and Schooling: comparing learners in England, France and Denmark », *Comparative Education*, Vol. 37, No. 3.

OSBORN M. and BROADFOOT P. (1992): « A Lesson in Progress: Primary Classrooms Observed in England and France », *Oxford Review of Education*, 18 (1) 3-15.

OSBORN M. & PLANEL C. (1999): « Comparing children's learning, attitude and performance in French and English primary schools », in: Alexander, R., Broadfoot, P. & Phillips, D. *Learning from Comparing*, Vol. 1, Wallingford: Triangle Books.

OSBORN M., BROADFOOT P., MCNESS E., RAVN R., PLANEL C. & TRIGGS P. with COUSIN O. & WINTHER-JENSEN T. (2003): *A World of Difference? Comparing Learners Across Europe*, Open University Press: McGraw-Hill Education.

OSBORN M., BROADFOOT P., PLANEL C. & POLLARD A. (1997): « Social Class, Educational Opportunity and Equal Entitlement: dilemmas of schooling in England and France », *Comparative Education*, Vol. 33, No. 3, pp. 375-393.

OSBORN M., MCNESS E., BROADFOOT P. with POLLARD A. & TRIGGS P. (2000): *What Teachers Do: Changing Policy and Practice in Primary Education*, Cassell/London: Continuum.

OSLER A. & STARKEY H. (2001): « Citizenship Education and National Identities in France and England: inclusive or exclusive? » *Oxford Review of Education*, 27, 2, 287-305.

POLLARD A. *et al.* (2000): *What Pupils Say: Changing Policy and Practice in English Primary Education*. London: Cassell.

RAVEAUD M. (2004): « Assessment in French and English Primary Schools: assessing the work, the child or the culture? » *Assessment in Education*, 11 (2), 193-211.

RAVEAUD M. (2006): *De l'enfant au citoyen*. Paris, PUF.

SHARPE K. (1992): « Catechistic Teaching Style in French Primary Education: Analysis of a Grammar Lesson with Seven Year Olds ». *Comparative Education*, 28 (3): 249-268.

SHARPE K. (1997). « The Protestant ethic and the spirit of Catholicism: ideological and institutional constraints on system change in English and French primary schooling », *Comparative Education*, 33, pp. 329-348.

VAN ZANTEN A. (2000): *L'école de la périphérie*. Paris: PUF.

Les valeurs danoises, fondement de la *Folkeskole**

Elisabeth McNess

L'étude comparée des systèmes d'enseignement permet de déceler, au-delà de programmes et de pratiques scolaires souvent proches, les valeurs qui sous-tendent un projet éducatif dans un contexte culturel donné. De telles études attirent notre attention sur le fait que les objectifs et la structure des systèmes éducatifs découlent de valeurs sociales et politiques profondément enracinées dans une société. Il ne s'agit pas seulement de différences d'opinion, mais des convictions d'une société et de sa mentalité, forgées par un passé culturel et historique propre.

Il est difficile de comprendre la signification de valeurs ancrées dans un système pour ceux qui en font partie. C'est pourquoi cet article s'appuie sur les données empiriques tirées de deux études comparatives (McNess 2002, Osborn *et al.* 2002), pour tenter de mettre au jour, grâce à un regard extérieur, les valeurs fondamentales qu'expriment les priorités et les pratiques enseignantes du système danois des *folkeskole* [1]. Après une brève histoire de l'éducation au Danemark, cet article mettra en lumière les valeurs ancestrales qui inspirent, encore à ce jour, les politiques d'éducation, la structure et l'organisation des *folkeskole* danoises. Nous analyserons en particulier le concept-clé du *klasselærer* danois, c'est-à-dire du professeur responsable de classe, illustré par l'exemple de Birgith enseignante à Vestskolen [2].

Un peu d'histoire

Depuis 1849, le Danemark est un État démocratique relativement homogène. En revanche, les premières années du XIXe siècle, au moment où le système éducatif formel fut mis en place, furent des années de trouble pour le peuple danois et pour le Danemark. Ce fut une période où le pays s'appauvrit et stagna, alors que les fermiers aisés s'emparaient des rênes du pouvoir économique et politique, face à la bourgeoisie et à une élite dirigeante « désespérée » [Bjerg 1991]. On a souvent affirmé que c'était cette relative faiblesse de la bourgeoisie, combinée avec le manque de ressources naturelles et l'industrialisation tardive du Danemark, qui avaient concouru au développement, dans l'esprit des fermiers, d'une « conscience d'eux-mêmes en tant que classe et en tant que

* Article traduit par Cécile Boyer, Maroussia Raveaud et Anne-Marie Bardi.

1. Écoles publiques regroupant l'enseignement primaire et la première partie de l'enseignement secondaire.
2. Birgith et Vestskolen sont des noms d'emprunt.

véritable colonne vertébrale de la société» (Østergård 1993 : 213). Largement influencés par les écrits du philosophe et homme d'église N.F.S. Grundtvig, ils réussirent à établir l'indépendance de la culture en mettant en place leurs propres institutions scolaires. Grundtvig déplorait le déclin de l'image qu'avaient les Danois de leur pays et prônait l'importance de la langue maternelle et d'une «culture orale vivante» qui devait être le véhicule de «l'instruction du peuple» (*folkeoplysning*) dans un système éducatif libéral. Selon lui, la «culture vivante» devait être transmise dans une relation de professeurs à élèves dynamique et narrative, permettant de replacer les évènements de la vie de tous les jours de chacun dans une perspective de conscience historique (Østergård 1993).

De ce fait, une forte tradition populaire de démocratie locale et de partenariat social fut le creuset d'une approche communautaire de l'éducation, définissant comme un droit universel le développement personnel, fruit d'efforts conjoints, le tout visant au soutien et au renforcement des communautés. Cette vision d'une éducation universelle ayant pour but de forger un sentiment d'appartenance et d'inciter les individus à s'impliquer dans les processus de décision de la vie démocratique reste au cœur des politiques éducatives danoises. L'éducation est donc considérée comme l'affaire de tous et les écoles, bien que relativement indépendantes, sont aussi très intégrées dans les communautés locales auxquelles elles doivent rendre des comptes.

Former des citoyens aux valeurs démocratiques

Le rôle tenu conjointement par les professeurs, les parents, les élèves et les collectivités locales dans l'élaboration des politiques éducatives est l'un des aspects les plus remarquables du système éducatif danois où l'expérimentation est encouragée et le consensus prépondérant. Le système danois accorde toujours beaucoup d'importance à l'implication locale et à une structure horizontale de gestion des établissements. L'État joue un rôle de régulateur et de coordinateur à l'échelle nationale, mais il encourage le développement des pouvoirs locaux, la démocratie scolaire et il affirme l'importance du droit des élèves au sein du système éducatif (Lauglo 1995). La Loi sur les *Folkeskole* actuelle stipule que, à chaque fois que cela est possible, les méthodes de travail et le choix des matières devraient être déterminées de manière concertée entre les professeurs et les élèves. L'attachement à une organisation scolaire commune à tous et non sélective, fondée sur le principe d'égalité des chances, part du postulat que l'on forme des citoyens aux valeurs démocratiques dans un environnement démocratique, au contact d'autres individus différents d'eux-mêmes (Bjerg *et al.* 1995).

L'importance de la communauté, de l'éducation à la citoyenneté et de la cohésion sociale, ainsi que la volonté d'enseigner à tous les élèves un socle de connaissances communes, telles sont donc les préoccupations permanentes qui influencent la structure et l'organisation des écoles danoises. On peut citer en illustration ce point la loi sur les *Folkeskole* actuelle : « chaque *Folkeskole* doit – en collaboration avec les parents – s'attacher à l'acquisition par les élèves de connaissances, de compétences, de méthodes de travail et de moyens d'expression, et ce faisant, doit contribuer au développement et à l'épanouissement personnel global de chaque élève. Les *Folkeskole* doivent s'efforcer de créer les conditions favorisant l'expérience, le travail et l'assimilation nécessaires aux élèves pour qu'ils puissent développer leur conscience, leur imagination et leur curiosité intellectuelle, et ce afin qu'ils acquièrent une confiance en leurs propres capacités et des connaissances qui leur permettront de s'engager et de prendre des décisions. Les *Folkeskole* doivent familiariser les élèves avec la culture danoise et contribuer à leur bonne compréhension d'autres cultures et de l'interaction de l'homme avec la nature. L'école doit préparer les élèves à participer à la vie sociale, à prendre des décisions concertées, aux droits et aux devoirs qu'une société fondée sur la liberté et la démocratie impliquent. Par conséquent, l'enseignement dispensé au quotidien doit être empreint de liberté intellectuelle, d'égalité et de démocratie. »[3]. La relation entre la maison et l'école, la place centrale du développement personnel au service de l'action concertée et les applications pratiques des principes démocratiques sont donc clairement définis.

La *Folkeskole* danoise

Phénomène assez rare en Europe, l'enseignement primaire et la première partie du secondaire font partie au Danemark du même système appelé *folkeskole.* La plupart des enfants fréquentent une école publique non sélective appartenant à la collectivité locale, d'une capacité typique d'environ 400 à 500 élèves âgés de 6 à 17 ans. Les élèves sont répartis en niveaux selon leur âge et le passage d'un niveau au suivant est automatique. Les classes (*klasser*) comptent entre quinze et vingt élèves, et chaque classe a un professeur (*klasselærer*) responsable de l'éducation du groupe d'élèves. Ce professeur peut suivre ces élèves tout au long de leur scolarité à la *Folkeskole.*

L'évaluation des élèves est en majeure partie continue et formative. Il n'y a pas de notes individuelles avant le septième niveau (quand l'élève est âgé de 14 ans). La *Loi sur les Folkeskole* actuelle préconise une étroite collaboration entre l'école et le foyer familial ainsi qu'un dialogue permanent entre les enseignants, les parents et les élèves. Élèves et parents doivent être régulièrement

3. *Loi sur les Folkeskole, 2007*, ministère de l'Éducation.

tenus au courant par l'école (au moins deux fois par an) de la progression scolaire de l'élève. Ce compte-rendu fait à la fois mention de l'épanouissement personnel et social de l'élève et de son niveau scolaire.

Durant les vingt dernières années, les parents et les élèves se sont de plus en plus impliqués dans la gestion des établissements, en participant aux conseils d'éducation et aux conseils d'administration. La gestion interne des *folkeskole* est aussi organisée de manière démocratique : par exemple, un professeur principal doit consulter ses collègues avant de prendre une décision induisant un changement majeur et la décision prise doit être consensuelle. Il n'existe pas d'inspection scolaire au Danemark, mais l'auto-évaluation des établissements est préconisée et accompagnée grâce à des instruments d'évaluation fournis par le ministère.

ÊTRE PROFESSEUR RESPONSABLE D'UNE CLASSE DANOISE

Le rôle des professeurs responsables de classes (*klasselærer*) illustre les valeurs qui sous-tendent le système éducatif danois, et ce depuis leur établissement en 1870. Harrit *et al.* (1992 : 85) définissent leur rôle comme « charnière » et décrivent les objectifs du professeur responsable comme suit : « s'assurer que la classe dont il est responsable bénéficie d'un environnement favorable. L'un des premiers objectifs de l'éducation à nos yeux est que les élèves deviennent de plus en plus autonomes et capables de se motiver, c'est-à-dire qu'ils prennent eux-mêmes en charge leur processus d'apprentissage. L'acquisition d'un tel état d'esprit dépasse le simple cadre scolaire et leur sera utile dans leur vie future. Voilà l'objectif éducatif à long terme du professeur. »

Au Danemark, le fait qu'un groupe très restreint de professeurs soit appelé à enseigner aux élèves au cours de leurs cinq ou six premières années d'école est pratiquement un principe organique. Cette équipe pédagogique, réduite au maximum et très soudée, est gérée et encadrée par le professeur responsable. De ce fait, le professeur responsable doit d'une part enseigner à sa classe bon nombre de matières, et d'autre part coordonner l'équipe pédagogique restreinte qui intervient dans la classe pour les autres matières. Par ailleurs, il est fréquent qu'un professeur responsable enseigne dans d'autres classes que la sienne et fasse partie d'autres équipes pédagogiques, ce qui concourt à l'intégration des différentes classes d'une même école.

Le professeur responsable a aussi une fonction pastorale de conseiller ou médiateur ; il doit faire régner l'harmonie dans sa classe et assurer la liaison entre l'école et les parents d'élèves régulièrement. Lors des heures de vie de classe [*klassens time*] hebdomadaires (qu'elles fassent l'objet d'une dénomination particulière sur l'emploi du temps ou qu'elles soient intégrées aux autres cours), le professeur responsable a l'occasion de tisser des liens avec ses élèves et doit s'enquérir des problèmes qui peuvent les perturber. Cette relation de dialogue, en petit comité, confère au professeur responsable une place importante : il sait faire preuve d'empathie et sait mener ses élèves sur la voie de la démocratie.

L'importance des valeurs démocratiques constitutives du dialogue professeur/élèves instauré pendant les heures de vie de classe est expliquée par Harrit *et al* (1992 : 87) : « on consacre du temps aux projets, aux décisions à prendre : ils sont discutés, débattus... Les élèves ne pourraient pas prendre part à ces activités démocratiques sans y avoir été formés, ni sans être soutenus, mais le professeur responsable peut passer par le dialogue pour les y encourager. De plus, le bon ordre nécessaire à toute activité démocratique est, ce faisant, inculqué aux élèves. »

De cette manière, chaque groupe d'élèves a un professeur qui joue pour chacun un rôle à long terme de conseiller et qui favorise au maximum les relations entre la famille et l'école. Les élèves et les parents ont toujours le même interlocuteur chargé d'instaurer un bon climat dans la classe. Dans le respect du cadre national, ces derniers œuvrent ensemble à créer l'environnement le plus propice aux apprentissages des enfants. Il est important de noter que le rôle du professeur responsable est considéré comme complémentaire de celui des parents, et non comme son substitut. Ce concept de professeur responsable affirme aussi la valeur accordée aux aspects sociaux et affectifs de l'apprentissage, en plus de ses aspects cognitifs et académiques.

Ces valeurs de démocratie, de consensus, de collaboration, et l'importance capitale conférée à la communication et aux aspects sociaux et affectifs de l'apprentissage sont illustrés ci-dessous à travers l'exemple de Birgith, une enseignante tout à fait représentative de la majorité des professeurs danois des *folkeskole*.

L'exemple de Birgith, enseignante à Vestkolen

Sa classe

Au moment de l'étude (McNess 2002) la classe de Birgith qui compte seize élèves [*klasse 3a*] est l'une des classes du troisième niveau (élèves de 9 à 10 ans) de Verstskolen. Les élèves ont été répartis dans trois classes en tenant compte de différents facteurs comme le sexe ou le milieu social, afin que les trois classes du troisième niveau soient d'une composition aussi similaire que possible. La disposition des équipements scolaires à l'intérieur de la salle de classe résulte d'une négociation entre Birgith et ses élèves, comme c'est souvent le cas dans les écoles danoises.

Disposition de la salle de classe de Birgith

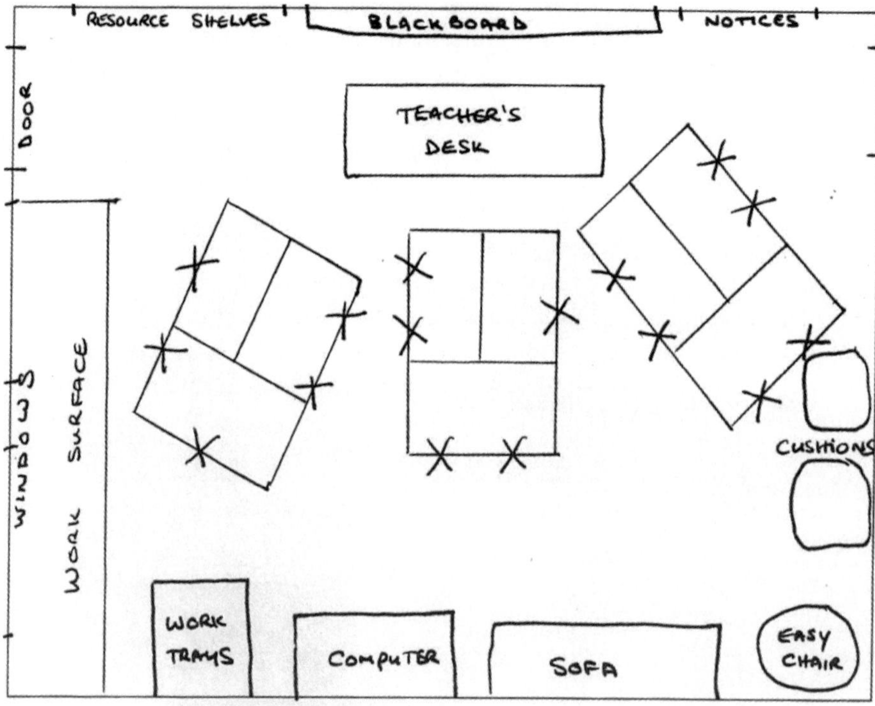

Les élèves travaillent en groupe de quatre ou cinq rassemblés autour d'une table, l'atmosphère est détendue. Dans la salle, on a un sentiment d'espace. Un côté donne sur la cour de récréation, et l'autre sur un gymnase servant à plusieurs classes regroupées. Au fond de la salle, un espace de lecture est formé de sièges disposés de manière informelle en libre accès : les élèves y vont pour lire, s'y regroupent pour planifier leur travail ou pour discuter de leurs problèmes. Lorsque nous avons demandé à Birgith si cet espace convivial serait conservé l'année suivante, elle nous a répondu, et c'est révélateur, que cela ferait l'objet d'une négociation entre les élèves et elle-même. « Il peuvent conserver cet espace s'ils le veulent ». Les enfants considèrent manifestement la classe comme leur espace personnel et se relaient pour y faire le ménage en fin de journée.

Ses charges et ses pratiques de travail

Birgith enseigne à sa classe le danois, l'histoire et la musique. Musicienne accomplie, elle se sert d'un studio musical entièrement équipé au sein de l'école. Ses élèves y apprennent à chanter et jouer d'un instrument ensemble. Birgith est aussi chargée de coordonner le travail avec les deux autres collègues (un homme et une femme) de l'équipe pédagogique de la classe. L'un des deux collègues est le professeur responsable d'une autre classe du troisième niveau et enseigne à la classe de Birgith les mathématiques et les sciences. L'autre est un professeur de sixième niveau chargé d'enseigner le dessin et la religion aux élèves de Birgith. Pour l'éducation physique, tous les élèves du troisième niveau sont regroupés dans une grande salle de sport très bien équipée. Un groupe de professeurs spécialisés est chargé de ce cours, en présence, toutefois, des professeurs responsables. En dehors des moments où ils enseignent, les trois professeurs de la 3a (troisième niveau, classe A) disposent aussi d'heures pour se rencontrer sous la direction de Birgith et décider de la progression pédagogique de l'année. Ce planning est envoyé aux parents à chaque début d'année scolaire. La progression prévue est forcément en partie indicative puisque l'emploi du temps détaillé est distribué chaque semaine, et parfois au jour le jour, pour pouvoir y apporter des modifications, comme Birgith le souligne, insistant sur la flexibilité et l'autonomie dont elle-même et ses collègues bénéficient en matière de contenu du cours.

Chaque mois, comme la majorité des professeurs responsables danois, Birgith envoie aux parents une lettre d'information qui fait à la fois le compte rendu du travail effectué pendant le mois écoulé et les informe des projets pédagogiques du mois suivant. Birgith insiste beaucoup sur l'importance des relations avec les parents d'élèves. Elle les rencontre en réunions deux fois par ans pour discuter des questions qu'elle ou ils veulent aborder concernant le groupe classe. Ainsi explique-t-elle :

> « Le professeur responsable convie les parents dans sa classe. Tous les professeurs en font autant le même soir. Les enfants ne sont pas là. La première réunion vise à les accueillir dans l'établissement et leur présenter la progression pédagogique de la classe pour l'année. Elle a lieu après trois semaines de cours, en août ou septembre. Lors de cette première réunion, les parents des élèves de chaque classe de l'établissement sont présents. Le but est d'informer les parents du déroulement de l'année, du programme « d'activités ». Le programme de chaque matière leur y est remis. Après deux ou trois semaines de cours, je suis en mesure de leur parler de la classe, du comportement des élèves, de mon plaisir de les retrouver pour une nouvelle année, de signaler un éventuel problème de comportement, etc. Il y a donc cette réunion-là, et il y en a une autre après Noël, en février. Cette deuxième réunion n'est pas obligatoire, mais j'en fais toujours une, parce que je trouve cela utile. »

Birgjth nous explique aussi qu'elle organise deux réunions parents/professeur par an avec des rendez-vous individuels. Cela lui donne l'occasion de rencontrer les parents accompagnés de leurs enfants et de faire le point sur les progrès accomplis par l'élève aussi bien sur le plan scolaire que social. Birgith estime qu'il est très important de bien préparer les élèves à ces rencontres car cela peut générer chez eux une certaine appréhension :

> « Deux fois par an, des rencontres individuelles avec les parents et leurs enfants sont organisées. L'une de ces rencontres, en novembre, est obligatoire, et nous en

organisons une autre en mars. Il s'agit d'instaurer un dialogue à trois interlocuteurs. En amont, nous parlons à chaque enfant individuellement. C'est important pour désamorcer le stress que cela peut induire chez les élèves. Je pense qu'ils doivent être mis au courant des sujets qui seront abordés. Je leur donne un questionnaire auquel ils doivent répondre par écrit, puis nous discutons des réponses qu'ils ont formulées. Nous effectuons ce travail en préparation de la rencontre pour qu'ils puissent vraiment y participer en tant qu'interlocuteur à part entière. Je pense qu'il est bon que l'enfant sache de quoi nous allons parler. En fait, la rencontre devient pour eux comme une sorte de représentation à laquelle ils se sont entraînés. Comment vas-tu ? Aimes-tu l'école ? Ils n'appréhendent donc pas cette rencontre et se sentent à l'aise le moment venu. »

Cette préparation minutieuse montre que tout est fait pour que la conversation implique vraiment trois interlocuteurs. L'accent est mis sur une approche globale et formative de l'évaluation des apprentissages de l'élève.

Sa conception du « bon » professeur

Interrogée sur les qualités requises pour être un bon professeur, Birgith déclare clairement, que, outre de bonnes connaissances disciplinaires, la capacité d'empathie avec les enfants et la capacité à créer un environnement rassurant et où les enfants se sentent bien sont essentielles :

> « Je dirais qu'il y a un grand éclat de rire par jour. C'est important de rire ensemble et de se sentir à l'aise. C'est important pour moi que les élèves se sentent à l'aise avec moi. Le contenu disciplinaire ? Oui, bien sûr, c'est important. Il faut aussi que nous soyons performants dans notre travail et dans les différentes matières. »

Ces idées s'articulent bien avec sa conception de l'enseignement primaire qui, selon elle, poursuit des objectifs de deux ordres, conciliant les connaissances disciplinaires avec l'épanouissement personnel des enfants, le tout s'inscrivant dans une longue tradition idéologique communautaire dans laquelle la collaboration et le civisme sont primordiaux. D'où l'importance de l'implication des parents :

> « Il y a deux choses. Leur apporter de solides connaissances dans chaque matière, c'est le premier élément. Le deuxième, c'est de leur apprendre à vivre en groupe, en respectant les autres et en se comportant de manière civilisée. Je pense que cet aspect est crucial et que les parents ne peuvent pas inculquer cela à leurs enfants. C'est le rôle de l'école, qui doit les former à devenir des individus intègres et de bons citoyens. Un bon code moral, en somme, mais pas au sens religieux. »

Lorsque nous lui demandons envers qui elle se sent responsable professionnellement, elle répond qu'elle est tout d'abord responsable envers ses élèves et ensuite envers leurs parents. Cependant, elle n'a pas souvent à rendre des comptes car tout le monde a confiance en son expertise professionnelle :

> « Les enfants ! Et bien sûr les parents, mais avant tout les enfants parce que les parents ne sont pas là pour observer mon travail. Je leur en parle et ils peuvent me poser toutes les questions qu'ils souhaitent, ma porte est grande ouverte,

mais c'est moi qui décide de ce que je fais parce que c'est moi qui sais ce qu'il faut faire. Lorsque je forme de futurs professeurs, je leur dis toujours : "vous n'avez pas à défendre vos choix, dites leurs ce que vous faîtes, donnez des explications, mais ne soyez pas sur la défensive". C'est comme cela que je procède. J'explique le pourquoi et le comment, et alors les parents comprennent. Je pense que ce point est essentiel. »

Lorsque nous lui demandons dans quelle mesure elle doit rendre des comptes à son chef d'établissement, la réponse de Birgith est plus ambiguë :

« Le chef d'établissement ? En fait, je n'ai aucun compte à lui rendre… ou peut-être que si… C'est elle qui est juge en dernier ressort dans l'établissement si quelque chose ne va pas ou si j'ai besoin d'aide. Si je fais mal quelque chose et que les parents l'appellent ou que les élèves s'en plaignent auprès d'elle, elle me convoquera et je devrai m'en expliquer. Elle donnera son point de vue sur ce qu'il faut faire. De même, si des parents me téléphonent et me remettent en cause sur tel ou tel point, je coupe court à la conversation et leur réponds que nous allons ensemble rencontrer le chef d'établissement pour en discuter. Dans ce cas de figure, je lui dirai que j'ai besoin de son soutien en tant que personne responsable de toute l'école et en tant que tiers. Je lui demanderai d'écouter ce que les parents ont à dire et ce que j'ai à dire sur le sujet de discorde. De ce point de vue, nous sommes responsables les uns envers les autres. Mais pour moi, la responsabilité est avant tout un devoir moral et je me sens avant tout responsable envers les enfants. Le chef d'établissement n'est pas là pour me surveiller. Elle est là pour l'ensemble du personnel de l'école, pour les élèves et pour les parents. Elle doit avoir une vue d'ensemble, et elle y réussit très bien. »

Birgith considère par ailleurs que la vie des élèves en dehors de l'école la concerne aussi. En tant que membre de la communauté, elle prend part à l'éducation des enfants. Tel est le rôle à forte teneur sociale des professeurs, des parents et des pédagogues animant les activités extrascolaires [*skolefritidsordning*, SFO].

« Je suis responsable des enfants, même lorsqu'ils ne sont pas dans l'école, mais ce n'est pas seulement *ma* responsabilité. D'après moi, l'enfant est au centre, et autour, il y a les parents, l'école et les professeurs, et les moniteurs du SFO. Nous sommes les adultes qui veillons sur les enfants. Je prends donc le temps de discuter avec les élèves en aparté pour leur demander : "Comment ça va à l'école ? Et à la maison ? As-tu des amis ? Y a-t-il quelque chose dont tu voudrais me parler ? Un problème à la maison dont tu voudrais discuter ?". Les parents savent que je pose toutes ces questions. J'estime que nous avons tous une responsabilité envers l'enfant, dans sa vie en général, dès lors que nous en faisons partie. Notre rôle dépasse largement la transmission de savoir, surtout dans les premières années d'école.

Le concept danois de *dannelse* envisage l'éducation comme une entreprise sociale aussi bien que cognitive. Il se rapproche du concept allemand de *Bildung*, de ce que les Français entendent par « culture » et du concept grec de *paideia*. Malgré la pression de plus en plus forte mise par les décideurs politiques à cause des résultats médiocres des élèves danois dans les études comparatives internationales, Birgith est convaincue de la pertinence de ce modèle éducatif dans la société moderne :

> « Le *Dannelse* vous apprend à vous comporter correctement au sein d'un groupe, à utiliser le bon niveau de langue avec différents interlocuteurs... En outre, et c'est très important à mon avis, lorsqu'on compare nos enfants aux enfants d'autres nationalités, peut-être qu'ils ne sont pas de très bon lecteurs et qu'ils savant moins bien rédiger, mais ils ont une bonne connaissance du monde et je pense que c'est très bien. Ils savent rester concentrés et approfondir les débats pour aboutir à des conclusions. À mon sens, il est important qu'ils prennent conscience des problèmes engendrés par la pollution, ou autre, pour pouvoir se forger leur propre opinion. Il s'agit de former des individus intègres, de bons citoyens, de futurs bons parents, de bons collègues de travail, etc. »

Des réformes en débat

À l'époque de l'étude, forte de sa longue expérience d'enseignante, Birgith percevait les changements dans la société qui avaient déclenché la réévaluation des résultats des *folkeskole* par les décideurs politiques. Elle commençait à faire l'expérience des conséquences engendrées par les exigences d'un programme scolaire alourdi et était préoccupée par la réduction du nombre d'heures dévolues à l'étude de l'histoire et de la culture danoise. Birgith considérait que cela allait porter préjudice aux objectifs généraux du système éducatif danois tel que Gundtvig l'avait pensé :

> Avant, il y avait beaucoup plus d'heures pour enseigner la culture danoise, mais il y en a de moins en moins. On a calculé qu'il y a vingt ans, les élèves assistaient à mille cours de plus en dix ans de *Folkeskole* qu'aujourd'hui. À mon sens, c'est problématique parce que la littérature, le chant et la musique ne doivent pas être négligés. Avant, apprendre des chansons était une part importante des leçons de danois. Mais, le nombre d'heures de cours ayant globalement baissé, le temps imparti aux chansons a été réduit pour laisser plus de temps pour les autres matières. À ce jour, il est question d'augmenter à nouveau le nombre d'heures de cours. Je pense que l'emploi du temps des deuxième et troisième niveaux pourrait être allongé d'une ou deux heures hebdomadaires. Nous aurions plus de temps pour faire tout le programme mais de manière plus « détendue ». On pourrait à nouveau apprendre des chansons et faire plus d'activités ludiques. Les élèves aimeraient d'autant mieux étudier. Aujourd'hui, si l'on fait tout ce que l'on est censé faire, on n'a pas de temps pour tout ça.

Le fait d'avoir un programme scolaire plus chargé et moins de temps pour les activités créatives posait aussi problème à Birgith parce qu'elle avait par conséquent moins de temps pour tisser des liens avec ses élèves. Sans être catégorique quant à l'ampleur des changements à venir, elle était toutefois très préoccupée en tant que professeur responsable de jeunes élèves car elle considérait qu'ils avaient besoin de beaucoup d'encadrement et d'écoute dans leur vie extra scolaire et dans leur travail scolaire :

> « ...on n'a pas le temps et par conséquent *on n'écoute pas* ce qu'ils ont à dire. En principe, beaucoup d'entre eux réclament votre attention et semblent vous dire "Moi aussi, moi aussi", mais on n'a pas le temps de s'en occuper. Plus de cours de danois ne serait selon moi pas du luxe. Peut-être est-ce parce que je suis professeur responsable et que donc les cours de culture danoise et les débats sont importants pour moi, parce que j'ai besoin d'être proche de mes élèves et que j'ai l'impression que je n'ai pas le temps de les écouter suffisamment. Ils ont peut-être envie de me parler de leur petit chien, ou que sais-je ? Je crois que j'avais plus le temps de les écouter avant. »

Cinq ans plus tard, les préoccupations de Birgith font toujours débat, d'autant plus que la récente élaboration et la mise en place d'évaluations écrites des élèves à l'échelle nationale ont encore accru le travail administratif des professeurs responsables et encore réduit la place octroyée aux discussions informelles [4].

Les valeurs danoises et la classe

Qu'avons-nous globalement appris des valeurs qui sous-tendent la structure et l'organisation de l'éducation au Danemark, et comment se traduisent-elles à l'intérieur d'une salle de classe ? L'expérience que fait Birgith d'une gestion relativement horizontale des structures éducatives ainsi que la grande autonomie laissée au professeur sont typiques de beaucoup d'écoles danoises. De même sont typiques sa volonté d'impliquer les parents qui caractérise ses méthodes de travail et celle de travailler en étroite collaboration avec les autres professeurs de l'équipe pédagogique de sa classe. Le fait que les professeurs, comme Birgith, puissent au Danemark suivre un petit groupe d'élèves sur une très longue période (parfois neuf années) prouve que le système en place valorise le temps passé par les enseignants à épauler leurs élèves émotionnellement, à les aider dans leurs relations sociales et accorde une grande importance au travail de groupe et aux principes démocratiques.

Birgith insiste beaucoup sur l'épanouissement personnel et social de ses élèves et affirme qu'elle doit jouer un rôle actif pour leur permettre d'apprendre à travailler ensemble et pour les préparer à leur future vie de citoyens actifs. Il est à noter que les professeurs n'usurpent pas la place des parents et ne

4. Signalons que le gouvernement au pouvoir depuis 2001 a déclaré que l'école participait d'une « guerre culturelle » destinée à défendre les valeurs et la culture danoises. La connaissance de l'héritage culturel danois a même été assimilée à un « réarmement culturel » par le ministre de la culture, Brian Mikkelsen, en septembre 2005. Voir dans le n° 44 de la *Revue internationale d'éducation de Sèvres* (avril 2007) l'article de Niels Kryger et Birte Ravn, « Champ de bataille ou terrain de rencontre ? L'éducation à la citoyenneté au Danemark », p. 61.

s'immiscent pas dans la sphère privée trop tôt (l'école ne commence pas avant l'âge de sept ans), mais qu'ils ont fortement conscience de la dimension communautaire de leur fonction qui comprend d'une part la transmission de savoirs formels et d'autre part une responsabilité dans le développement de l'esprit de solidarité (Harrit *et al.* 1992).

La classe de Birgith témoigne aussi de la valeur accordée à la disposition de la salle, de la nécessité de créer un environnement rassurant, stable mais flexible favorisant l'apprentissage. Cette disposition est déterminée en concertation avec les élèves avec pour objectif de permettre un apprentissage de bonne qualité. Birgith insiste aussi sur l'importance d'une évaluation formative continue, pas seulement dans le domaine intellectuel et académique, mais aussi au niveau des relations sociales et affectives des élèves. Le fait que les parents soient régulièrement tenus au courant des progrès de leurs enfants en présence de ces derniers est, selon elle, souhaitable et constitue un aspect essentiel de son travail.

Il est manifeste que les Danois accordent plus de valeur à l'approche communautaire et démocratique de l'enseignement qu'à l'organisation et au contenu des programmes ; de ce fait, ils favorisent une gestion à l'échelle locale de l'école et une véritable implication des parents agissant de concert avec les professeurs et l'administration des établissements scolaires (Ravn 1994). Le système vise à instaurer l'égalité des chances, indépendamment des milieux sociaux ou des capacités intellectuelles, en dispensant à tous les mêmes savoirs. L'apprentissage de la citoyenneté et la valeur de la cohésion sociale comptent beaucoup, au moins autant que les progrès individuels et les progrès économiques collectifs. On peut considérer que cela va à l'encontre des idéologies auxquelles adhèrent actuellement beaucoup d'autres pays européens qui tendent à soumettre les services publics, éducation incluse, aux lois du marché en vue d'y générer plus d'efficacité. De telles décisions s'inscrivent dans une approche néolibérale qui défend le libre choix et le pouvoir des individus.

Cependant, il faut rappeler aussi qu'il y a des forces à l'œuvre au Danemark qui vont dans le sens des autres pays d'Europe. Les changements sociaux, l'immigration accrue, les contraintes financières et la nécessité d'être compétitifs sur le plan économique à l'échelle mondiale, tous ces facteurs remettent en cause le *statu quo* et mettent à mal ces valeurs traditionnelles (Winther-Jensen, 2001). C'est pourquoi certains craignent que la manière de promouvoir et de mettre en œuvre les valeurs qui sous-tendent l'éducation ne soit en train de changer.

BIBLIOGRAPHIE

BJERG J., CALLEWAERT S., ELLE B., MYLOV P., NISSEN T. and SILBERBRANDT H. (1995) : « Danish Education: pedagogical theory in Denmark and in Europe, and Modernity », *Comparative Education*, Vol. 31 : 1, pp. 31-47.

Danish Ministry of Education (2007) : *Act on the Folkeskole*, Copenhagen: Undervisningsministeriet.

HARRIT O., KRYGER N., MOOS L., REINSHOLM N., REISBY K. (1992) : *Form Teachers – Tradition and Renewal*, Copenhagen: The Royal Danish School of Education Studies.

LAUGLO J. (1995) : « Forms of decentralization and the implications for education », *Comparative Education*, Vol. 31 : 1, pp. 5-30.

MCNESS E. (2002) : *A Socio-cultural investigation into the impact of cultural context and national policy on teachers' work and professional values in England and Denmark*, unpublished PhD thesis, University of Bristol.

OSBORN M., BROADFOOT P., MCNESS E., PLANEL C., RAVN B. and TRIGGS P. (2002) : *A World of Difference: comparing learners across Europe*, Buckingham: Open University Press.

Østergård U. (1993) : « Language and national identity in the Danish nation-state in the 19th Century », *History of Ideas*, Vol. 16 : 3, pp. 213-218, London: Pergamon.

RAVN B. (1994) : « Expectations about parents in education in Scandinavian countries », in A. Macbeth and B. Ravn (eds) *Expectations about Parents in Education : European perspectives*, Glasgow: University of Glasgow.

WINTHER-JENSEN T. (2001) : « Changing cultures and schools in Denmark ». In J. Cairns, D. Lawton and R. Gardner (2001). *World Yearbook of Education 2001: Values, Culture and Education*, London: Kogan Page Limited pp. 178-189.

La motivation des élèves : le rôle des facteurs sociaux

Une comparaison Angleterre, États-Unis, Russie[1]

Julian G. Elliott

Les pays d'Asie du Sud-Est et d'Europe de l'Est obtiennent souvent des résultats élevés dans les études comparées de performance scolaire. Pour tenter d'expliquer ce phénomène, on a longtemps mis l'accent sur les pratiques pédagogiques et en particulier sur le caractère interactif de l'enseignement en classe entière. Cependant, ces dernières années, la croyance inconditionnelle dans l'effet des pratiques pédagogiques a reculé alors même qu'on reconnaissait de plus en plus l'importance de l'arrière-plan contextuel. Mettre l'accent sur la pédagogie est attirant pour les réformateurs de l'éducation, et il apparaît (souvent à tort) qu'en contraignant les pratiques enseignantes, on peut les réformer et les réorienter de la manière souhaitée. Cette approche ne traite qu'indirectement la question fondamentale de la motivation et de l'implication des élèves. Une raison essentielle de la performance scolaire des élèves dans certains pays tient simplement à leur implication plus importante et plus efficace dans les tâches scolaires en classe et hors de l'école, quelle que soit la pédagogie employée. Les raisons de cette implication sont extrêmement complexes mais, dans cet article, je chercherai à mettre en évidence divers facteurs en m'appuyant sur les découvertes que mon groupe de recherche a faites lors d'enquêtes sur l'influence des forces sociales opérant dans trois contextes différents, en Angleterre, aux États-Unis et en Russie.

En visitant la Russie pour la première fois, peu de temps après la chute de l'Union soviétique, j'ai été immédiatement frappé par le degré très élevé de motivation et d'implication des élèves ainsi que par leur haut niveau de réussite scolaire. Rien de tel n'était attendu, étant donné les problèmes économiques et sociaux qui déstabilisaient de multiples façons la vie russe. La différence observée entre les élèves de Russie et ceux des écoles anglaises et américaines était considérable et digne d'une recherche plus poussée. Dans une série d'études menées à Saint-Pétersbourg (Russie), au Kentucky (États-Unis) et à Sunderland (Angleterre) (Elliott, Hufton, Illushin & Willis 2005), mes collègues et moi avons mis en lumière un nombre important de facteurs qui semblaient expliquer la meilleure performance scolaire des enfants russes en comparaison de celle de leurs pairs anglais et américains. Les éléments explicatifs du contexte

1. Article traduit par Valérie Téhio.

anglo-américain se composaient d'une représentation excessive et irréelle par les élèves de leur niveau de performance (souvent confortée par les parents et les enseignants), d'un médiocre comportement en classe, de l'influence négative de leurs pairs et d'un faible intérêt pour la valeur de l'éducation comme fin en soi. Dans cet article, je mettrai l'accent sur certains facteurs sociaux, ceux qui paraissent le plus influer sur les niveaux d'implication scolaire observés.

LA VALORISATION DE LA RÉUSSITE SCOLAIRE

Les élèves qui sont à l'école sont évidemment influencés de multiples manières par les parents, les enseignants, leurs camarades et les réseaux locaux et communautaires de leur environnement, mais il semble qu'il y ait des différences importantes entre les pays dans lesquels nous avons mené nos recherches. Une des plus frappantes tient aux valeurs et aux priorités affirmées dans les écoles.

Réussite sociale et sportive aux États-Unis

Dans les lycées américains, le succès remporté dans les relations sociales et dans les activités sportives représente depuis longtemps le plus haut niveau de réussite pour beaucoup d'élèves, ce que renforce singulièrement la forte implication de la communauté locale dans des activités lycéennes non intellectuelles, en particulier dans les sports collectifs. Au cours de nos recherches, nous avons découvert que les enseignants américains étaient susceptibles d'insister sur l'importance des activités sportives au point même de réduire leurs exigences académiques pour s'adapter aux horaires des activités sportives des élèves. Parlant par exemple de sa dernière année de collège, une adolescente interrogée nous a déclaré :

> « Habituellement, nous n'avions pas de devoirs à faire, sauf s'il s'agissait d'un projet ou d'une rédaction, et nous avions une étude de 45 minutes. À la fin de la journée, nous avions 45 minutes et c'était pour faire tous nos devoirs... nous les élèves qui faisions du sport ou des choses comme ça. C'était comme ça pour tout le monde, mais ça aidait beaucoup ceux qui faisaient du sport parce que comme ça, on n'avait pas à s'en faire, et si on devait s'entraîner ou faire un match, on n'avait pas à s'en faire à ce sujet. Tous nos devoirs étaient finis à ce moment-là. »

Quand nous avons interrogé un élève de 15 ans qui passait ses nuits à sortir, à jouer ou à regarder des matchs, qui, pendant la saison de basket, se levait à 4 h 30 pour s'entraîner très tôt et ne dormait que cinq à six heures par nuit mais avait cependant un nombre important d'excellentes notes, il a répondu :

> « Les profs sont sympa avec nous, avec le sport. Ils ne nous donnent pas trop de travail. Les jours de match, nous n'avons pas de devoirs. Ou bien, comme l'établissement est très fort en football, et qu'ils poussent vraiment les meilleurs joueurs, ils nous laissent tranquilles, vraiment. »

Dans certains cas, la réussite académique était perçue par les élèves américains que nous interrogions comme un moyen de garantir leur participation à des activités sportives :

> « [Avoir de bonnes notes] est... très important pour moi... Ce n'est pas dur d'avoir de bonnes notes, si vous faites réellement des efforts. En plus, il faut avoir de bonnes notes pour être bien intégré sinon on vous chasse de l'équipe. Il faut de bonnes notes pour continuer à jouer dans l'équipe de basketball. »

Les écoles américaines et, dans une moindre mesure, anglaises proposent un grand nombre d'activités extrascolaires, surtout des sports de compétition mais cela semble avoir peu d'impact positif sur les études. Parfois, cela peut même sembler avoir un effet négatif, car ces activités empiètent sur les cours et l'importance accordée à la réussite scolaire est subtilement réduite en raison des préoccupations des élèves et des adultes pour les résultats sportifs.

La réussite scolaire était reconnue dans la communauté du Kentucky mais elle était largement conçue comme n'étant qu'une partie seulement du développement personnel global et, avant tout, comme un moyen d'accéder à l'enseignement supérieur et à une carrière bien rémunérée. Comme je le montrerai plus tard dans cet article, il semblait peu souhaitable de donner l'impression de se préoccuper étroitement d'effort scolaire.

Culture et éducation en Russie

En Russie, améliorer son éducation était depuis longtemps considéré comme une affaire sérieuse. En comparant les attitudes des élèves, à travers les enquêtes et les entretiens, nous avons trouvé les jeunes russes que nous interrogions (âgés de 14 à 15 ans) encore très imperméables à une conception utilitaire de l'éducation, telle qu'elle est partagée par les élèves anglais et américains. Les enfants russes identifiaient l'éducation comme un moyen essentiel, en premier lieu et avant tout, de développement personnel : le savoir était largement vu comme le moyen de devenir érudit et cultivé. Pour ces élèves, interrogés pendant les années de crise économique qui suivirent la fin de l'Union soviétique, l'éducation ne pouvait pas être vue en termes purement instrumentaux. Un élève âgé de 16 ans nous a dit :

> « [Être éduqué]... est plus... important [que gagner de l'argent]. C'est peut-être le but de la vie.

Plus de la moitié des élèves que nous avons interrogés durant une grande enquête ont souligné qu'« être une personne éduquée » était la raison principale de leur travail assidu à l'école, facteur qui était, de manière significative, minoré par leurs camarades anglais et américains qui, sans surprise, mettaient en valeur des aspects instrumentaux : aller à l'université et avoir un métier bien payé.

Les réponses des adolescents russes que nous avons interrogés lors d'entretiens très poussés où l'importance de la culture et de l'éducation émergeait également comme un trait commun, étaient encore plus parlantes :

> « C'est bien d'être une personne éduquée pour être en relation avec des gens d'un certain milieu. Une personne éduquée se sent toujours bien en société. C'est intéressant de parler avec une personne éduquée. C'est agréable de se sentir éduqué, d'être capable de parler avec d'autres personnes éduquées, en sentant qu'on a le même niveau de connaissances qu'eux. »

À cette époque, les « nouveaux Russes » ostensiblement riches commençaient à émerger, et beaucoup d'entre eux bénéficiaient de nouvelles opportunités commerciales qui ne semblaient pas requérir de hauts niveaux d'éducation. Notre questionnement cherchait à vérifier si la poursuite d'études de haut niveau restait désirable, étant donné les opportunités économiques qui s'offraient hors de l'école. La grande majorité des élèves interrogés ont rejeté cette idée, une élève déclarant :

> « Je pense que nous devons devenir des personnes, et non pas des machines à faire de l'argent... Un homme ne vit pas seulement pour l'argent... le reste est aussi important. »

Quand nous lui avons demandé ce qu'était le reste, elle a répondu :

> « Eh bien, les valeurs spirituelles, l'âme... pas seulement les choses matérielles.

Une autre élève interviewée acceptait l'idée que quitter l'école pour chercher à s'enrichir était compréhensible, en regard de la vie modeste que menaient de nombreuses personnes éduquées, comme les enseignants, les scientifiques et les docteurs. Elle trouvait la situation gênante :

> « Certains, en constatant cela, pourraient penser : "En quoi ai-je besoin d'éducation ? Je préfère vivre mieux sans éducation." Pour moi, maintenant, l'éducation est indispensable. Je ne serais pas capable de vivre sans. J'ai besoin d'une sorte de d'élément spirituel pour vivre. La sorte de vie qu'on mène quand on est riche mais pas éduqué – je pense qu'elle ne peut pas me satisfaire. »

Analysant la conception de l'éducation comme moyen de se développer personnellement, un élève indiquait :

> « Je pense personnellement que l'argent n'est pas quelque chose qu'il faut valoriser. Dans ce monde, il est plus important de construire sa personnalité. Sinon, il me semble qu'on n'a pas atteint tout son potentiel. »

En réalisant ces séries d'entretiens, nous avons cherché à constituer un échantillon qui pourrait refléter des degrés variés d'implication dans la réussite académique. Malgré l'anonymat et la confidentialité de notre processus de recherche, nous avons eu du mal à trouver des élèves prêts à minimiser l'importance de l'éducation. Toutefois, un étudiant, identifié par ses enseignants comme manquant de motivation, a eu une réponse particulièrement parlante :

> « Beaucoup de professeurs disent que je suis intelligent... mais je suis devenu paresseux, ces derniers temps, je ne fais pas mes devoirs comme il faut. Je pense que si je faisais tout mon travail à la maison, je réussirais mieux. À dire vrai,

je préfère mettre mes leçons de côté et ne rien faire. Ce que je préfère faire en ce moment, c'est me coucher sur le canapé en rêvant à quelque chose.»

Nous lui avons demandé à quoi il rêvait, et il répondit:
«À tout... comment changer le monde... comme dans *Oblomov*, vous savez.»

Il s'agit là d'une anecdote tout à fait révélatrice de l'importance de l'érudition dans la culture russe. Malgré le détachement apparent de l'élève à l'égard de l'école et sa difficulté à se mobiliser pour étudier, il tient pourtant à se comparer au célèbre personnage de paresseux de la littérature russe du XIXe siècle. On n'imagine pas une telle remarque dans la bouche d'un élève anglais ou américain. En fait, la plupart des élèves du Kentucky voient l'éducation comme le moyen d'éviter de passer leur vie à faire cuire des hamburgers ou à remplir des pleins d'essence. Étant donné l'importance de la réussite pécuniaire dans la société américaine, le slogan du ministère de l'État du Kentucky «l'éducation paie» paraît un moyen très judicieux de favoriser la motivation.

Naturellement, la dimension utilitaire peut conduire à de hauts niveaux de motivation dans les situations où les élèves croient pouvoir atteindre leur but. Le problème, comme nous avons tenté de le signaler dans nos publications, est qu'une proportion significative de jeunes gens ne croit pas que l'éducation puisse les aider à avoir une vie plus attrayante. Pour beaucoup d'enfants, en Angleterre et aux États-Unis, un sens aigu du caractère utilitaire de l'éducation associé à une faible confiance en la capacité de l'éducation à transformer leurs vies aboutit à l'apathie et à la désaffection scolaires.

L'INFLUENCE DES PAIRS

Nos observations des classes russes dans les années 90 nous laissaient au départ penser, comme les autres chercheurs occidentaux en Russie à la même époque, que les classes observées devaient être spécialement choisies. Peu à peu, cependant, il apparut clairement que ce n'était pas le cas et que le comportement exemplaire que nous observions reflétait la situation générale.

En Russie et aux États-Unis dans les années 60

Effectivement, de telles situations avaient été observées à plusieurs reprises par les observateurs internationaux pendant les dernières décennies: «Pour ce qui est de leurs comportements, [les enfants russes] sont bien élevés, attentifs, et assidus. À travers leurs conversations informelles, ils manifestent une forte envie d'apprendre, une disposition à se mettre au service de la société et, en général, de façon assez ironique pour une culture marquée par la philosophie matérialiste, une attitude que l'on pourrait qualifier d'idéaliste envers la vie. En lien avec cette orientation générale, les relations avec les parents, les enseignants et les éducateurs sont d'affection amicale et respectueuse. La discipline collective est acceptée et considérée comme justifiée même si elle peut sembler sévère selon les critères occidentaux... Il semble que les cas d'agressivité, de violation des règles, ou de comportement asocial soient réellement rares. » (Extrait du *Rapport d'enquête au Congrès international de psychologie de 1963*, repris dans Bronfenbrenner, 1970 p. 76).

Dans les études comparées entre les États-Unis et l'Union soviétique menées par Bronfenbrenner à la fin des années 60, les différences peut-être les plus marquantes qu'il avait identifiées concernaient la nature et l'influence du groupe de pairs et son effet sur le comportement dans la classe. Bronfenbrenner arguait que le rôle du groupe de pairs en Union soviétique n'était pas, à la différence des États-Unis, laissé au hasard, mais était plutôt le résultat d'une politique et d'une pratique explicites dans lesquelles le groupe de pairs était utilisé comme agent de socialisation à même d'encourager l'identification aux valeurs de la société soviétique et leur promotion. Ainsi, à travers ses enquêtes, il découvrit que le groupe de pairs en Russie était plus sensible aux modèles de comportement adulte et semblait aller dans le sens de la rigueur des parents et des enseignants.

Bronfenbrenner décrivit un processus de socialisation orchestré avec soin où une part de responsabilité passait de l'enseignant aux élèves qui étaient encouragés à prendre des initiatives personnelles et à être responsables du développement et du maintien d'un comportement souhaitable chez leurs camarades. En première année de primaire, des délégués étaient chargés de noter les devoirs donnés par les enseignants ; en deuxième année, les élèves apprenaient à s'auto-évaluer. En troisième année, ils apprenaient à faire des critiques publiques. Mais surtout, les enfants devaient voir s'ils pouvaient entrer en compétition avec les délégués pour mettre en avant leurs propres capacités d'amélioration.

À l'inverse, les pairs aux États-Unis étaient davantage susceptibles de pousser à la déviance par rapport aux normes adultes. Dans une étude comparée, Bronfenbrenner mit en évidence que les enfants russes de douze ans résistaient mieux que les Américains aux incitations les poussant à avoir un comportement asocial et se montraient plus sensibles aux normes du comportement adulte. Si cela était particulièrement vrai pour les petites filles russes, les garçons étaient aussi plus orientés vers les adultes que leurs camarades dans les autres pays. Il découvrit que l'influence négative des pairs était encore plus forte en Angleterre et que les enfants y étaient plus enclins à suivre les incitations de leurs pairs à s'engager dans des activités répréhensibles. Bronfenbrenner nota que là où il était plus autonome, comme dans de nombreuses sociétés occidentales, le groupe de pairs était plus susceptible d'exercer une influence négative voire en opposition aux valeurs adultes. À l'inverse, en Union soviétique, les pratiques de socialisation semblaient mieux faites pour encourager le groupe de pairs à adopter les valeurs et les objectifs de l'âge adulte.

Des différences qui résistent au temps

Plusieurs décennies plus tard, nous avons observé que les élèves russes continuaient à évoquer les pressions positives de leurs camarades: leurs pairs renforçaient leur envie de produire un travail plus assidu à l'école et de mieux résister aux comportements répréhensibles. Dans nos recherches sur les trois contextes, nous avons interrogé plus de six mille jeunes (de 9-10 ans et de 14-15 ans) sur l'influence de leurs pairs sur leur propre comportement et sur leur travail. Un schéma analogue a émergé des deux groupes d'âge. Les enfants de Saint-Pétersbourg indiquaient que leurs pairs les amenaient à travailler plus dur (chez les plus jeunes, la proportion entre l'influence positive et négative était de sept contre un), alors que les élèves de Sunderland considéraient que leurs pairs avaient un effet néfaste sur leur travail. De façon assez surprenante, le tableau donné par les enfants du Kentucky était mélangé, avec une grande proportion d'enfants indiquant que les pairs avaient peu d'effet sur eux et le reste indiquant un partage presque égal entre les effets négatifs et les effets positifs. Cette découverte fut d'autant plus étonnante que nos observations dans les écoles et les remarques faites durant les entretiens montraient que l'influence négative des pairs était importante. Notre hypothèse fut, dans la lignée des réflexions conduites par les théoriciens américains de la motivation, que leurs réponses avaient sans doute été influencées par ce qu'ils pensaient être une réponse socialement acceptable ou celle souhaitée par l'enquêteur. Il est également possible que l'influence générale des pairs ait été sous-estimée, les élèves interrogés s'étant concentrés sur l'existence de messages clairs et directs de leurs pairs concernant l'implication scolaire et ayant oublié de penser à d'autres influences importantes mais plus subtiles et indirectes. Pourquoi ce serait plus vrai pour la cohorte américaine que la cohorte anglaise n'est cependant pas clair.

En lien avec la littérature de référence, il est apparu que les influences entre pairs étaient encore plus négatives dans les contextes américains et anglais. Ici, comme je le montrerai plus loin, la peur de subir des moqueries en manifestant de l'intérêt pour le travail scolaire est un facteur très inhibant pour les élèves interrogés.

Dans le contexte russe au contraire, de telles pressions étaient moins manifestes. Aussi longtemps qu'ils ne paraissaient pas arrogants ou ne cessaient pas de soutenir leurs pairs, les élèves en réussite et très motivés étaient généralement respectés et admirés.

> « Je pense que la manière dont une personne étudie est moins importante que le type de personne qu'elle est. Comment elle traite les autres, quelle sorte de relations elle a... Le plus important est qu'elle ne soit pas snob. »

> « Je pense que les élèves qui sont des "cerveaux", qui pensent bien, sont ceux que tout le monde apprécie... Ils sont respectés pour leur intelligence. Si un élève brillant est une personne sympa, pas snob, pourquoi le traiterait-on mal ? »

« Je respecte ceux qui travaillent dur et réussissent. Dans notre classe, il n'y a pas de jalousie, nous avons une attitude positive envers les élèves (très travailleurs). »

À l'opposé, nos élèves américains étaient soucieux de ne pas être vus comme des « intellos », terme péjoratif qui ouvrait la voie à l'impopularité et au harcèlement. Les « intellos » étaient ceux qui manifestaient un intérêt excessif pour la réussite académique et ne partageaient pas les goûts d'une personne équilibrée. Un étudiant nous a indiqué qu'ils tendaient à travailler beaucoup plus que nécessaire : « Ils travaillent, travaillent, ne font que travailler jusqu'à... » Quand on lui demande pourquoi ils veulent agir ainsi, il répond : « Là, je ne sais pas. »

Le problème majeur des élèves motivés dans de nombreuses écoles des États-Unis et d'Angleterre ne se situe pas au niveau de leur réussite brillante, mais en ce qu'ils ne doivent pas manifester un intérêt ou un effort excessif. Ainsi, à une question sur la réaction des élèves face à ceux qui réussissaient bien en classe, un élève interrogé a répondu :

« Ils les respectent, tu vois. Ils comprennent que les élèves qui ont de bonnes notes font des efforts et essaient de réussir... Mais ils ne font pas que travailler sans s'amuser. »

Concilier estime des pairs et réussite scolaire

À l'intérieur du groupe de pairs, la réussite scolaire apparaît généralement acceptable, voire digne d'admiration, dès lors qu'elle est obtenue sans effort. On a ainsi pu dire que le harcèlement qui frappait les bons élèves aux États-Unis n'avait pas pour but de les punir pour leur intelligence mais plutôt de décourager leurs efforts. Pour éviter les problèmes, le bon élève se voit normalement obligé d'avoir une approche désinvolte à l'égard du travail scolaire et de manifester le désir de s'impliquer dans un grand nombre d'activités typiquement adolescentes. L'observation d'un des élèves américains interrogés exemplifie cette posture :

« J'essaie de faire beaucoup de choses en même temps. J'essaie d'être sociable, de réussir dans le sport, d'avoir une bonne vie de famille, de bien réussir dans mes études, et tout... alors qu'il y a des élèves qui basent toute leur vie sur les bonnes notes qu'ils obtiennent. Je ne pense pas que ce soit... C'est important les bonnes notes, mais je ne pense pas que ce soit si important. Je pense qu'on doit aussi faire d'autres choses. D'ailleurs, les élèves comme ceux-là, personne ne les aime. »

Un autre élève insiste :

« Je ne suis pas un intello. J'ai une vie hors de l'école. »

Quelques élèves de Kentucky commentent les pressions sociales qui les poussent à ne pas être vus comme des élèves brillants :

Q : Y a-t-il une pression quelconque sur les élèves pour ne pas réussir ?

R : Oui, je pense qu'il y a une sorte de pression. Car si tu n'as que des A, tu ne veux pas vraiment le montrer aux autres, parce qu'ils vont dire "Oh, toi tu as toujours des A".
A : Tu as conscience de cela, n'est-ce pas ?
R : Oui, cela m'est arrivé avant. J'ai subi des pressions, il y a quelques années. J'étais comme ça, je ne voulais pas avoir seulement des A car je ne voulais pas vraiment me faire remarquer, comme tout le monde, mais je n'avais eu que des A. Enfin, cette année, je veux avoir tous les A que je pourrai.

Un autre élève observe :

« Un des professeurs met les noms de ceux qui ont obtenu des A au contrôle au tableau. Ceux qui sont marqués au tableau, on les regarde, on leur lance des regards assassins et on les traite, comme... Je veux dire qu'on ne les insulte pas vraiment mais on les appelle Monsieur Parfait ou quelque chose comme ça, mais ils pensent qu'ils sont meilleurs que les autres. »

Les bons élèves cherchent souvent à paraître détachés vis-à-vis de leur réussite scolaire auprès des autres élèves. Un élève les décrit ainsi :

« Je pense que ça fait partie de leur image, ils essaient seulement de faire comme s'ils n'en avaient rien à faire. Ils ne veulent pas qu'on sache qu'ils sont, comme certains d'entre eux, réellement intelligents, ils ne veulent pas se faire remarquer ; alors ils essaient de cacher cette image, de faire comme s'ils se moquaient d'avoir de bonnes notes ou non. »

Il est important de noter qu'aux États-Unis, presque partout, de telles pressions ne se retrouvent pas seulement dans les communautés désavantagées mais sont une caractéristique plus large de l'école, quel que soit l'arrière-plan social. Dans la classe moyenne, la culture adolescente dévalorise la réussite scolaire et méprise les élèves qui réussissent bien en classe. Moins de 5 % de tous les élèves font partie du groupe des meilleurs, qui se définit lui-même sur la base de la réussite scolaire. De tous les groupes, les « cerveaux » sont les moins satisfaits de ce qu'ils sont : presque la moitié désireraient appartenir à un autre groupe (Steinberg, 1996, pp. 145-146).

L'accent est fortement mis sur la vie sociale dans les écoles anglaises. Dans une étude comparée sur des écoles anglaises, françaises et danoises, Osborn et ses collègues (1999) ont montré l'énorme importance accordée aux relations sociales dans les écoles anglaises : « avoir un fou rire » y était perçu comme un aspect essentiel de la vie de la classe. Même s'il était généralement accepté de travailler en classe, on s'attendait aussi à ce qu'en même temps on puisse plaisanter. Dans une étude antérieure sur les élèves des classes primaires anglaises et françaises, Osborn (1997) notait que la pression négative des pairs pouvait diminuer le désir d'être perçu comme en réussite scolaire : « Beaucoup d'élèves anglais ne voulaient pas être les meilleurs de la classe, et n'étaient pas très enthousiastes à l'idée d'avoir de bonnes notes ou même d'être loués pour leur travail. Quelques élèves disaient même qu'ils ne voulaient pas être vus comme de bons élèves par le professeur ; aucun élève français ne disait cela » (p. 49).

De telles attitudes et de tels comportements sont de plus en plus observés au Royaume-Uni ; c'est notamment un phénomène masculin. Les attentes des pairs sont telles que les garçons pensent souvent qu'il n'est pas souhaitable de réussir dans les disciplines scolaires et les arts ; la réussite est seulement admise en sport. À l'inverse, il est souvent plus acceptable pour leurs pairs que les jeunes filles travaillent beaucoup en classe, aussi longtemps qu'elles conservent une image « *cool* » hors de l'école.

Les influences sociales des pairs opèrent différemment hors de la classe. Ainsi, à la différence des élèves russes, les élèves anglais et américains observés dans nos enquêtes sont beaucoup plus impliqués dans une culture jeune en dehors de l'école. Cela réduit leur implication dans le travail scolaire. De plus, à travers l'accent mis sur la mode, la vie des artistes, les activités de consommation et les distractions, le fossé entre les enseignants et les élèves s'élargit davantage.

Les découvertes faites en Russie et présentées dans cet article sont tirées de données recueillies pendant la décennie qui a suivi la chute de l'Union soviétique. Au cours de presque toute cette période, la rupture sociale et économique massive était encore en train d'atteindre les écoles qui, au moins au départ, avaient tendance à fonctionner comme des enclaves protégées de la crise de la société en général. Plus récemment, il est apparu que les influences occidentales de la globalisation sur l'éducation russe, en particulier les conséquences du développement de l'individualisme et de l'instrumentalisme, avaient un impact sur les relations sociales. Précisément, les analyses portant sur l'éducation et sur la société ont montré que l'influence des adultes en situation d'autorité (en tant que parents ou professeurs) diminuait et qu'à sa place émergeait une culture des jeunes plus autonome (Elliott & Tudge 2007). L'éducation est vue de plus en plus avec un but utilitaire plutôt que comme un parcours destiné au développement personnel. Il semble que, en raison de nombre de facteurs sociaux et au regard de sa motivation, la jeunesse russe tende à se rapprocher de plus en plus de ses pairs occidentaux. Savoir s'il s'agit d'une tendance temporaire ou profonde n'est pas encore possible.

Bibliographie

BRONFENBRENNER U. (1970) : *The Two Worlds of Childhood.* New York: Russell Sage Foundation. Elliott J., Hufton N., Illushin L. & Willis W. (2005). *Motivation, Engagement and Educational Performance.* London: Palgrave Press.

ELLIOTT J. & TUDGE J. (2007) : « The impact of the West on post-Soviet Russian education: change and resistance to change », *Comparative Education*, 43, 93-112.

OSBORN M. (1997) : « Children's experience of schooling in England and France: some lessons from a comparative study », *Education Review*, 11 (1), pp. 46-52.

OSBORN M. (1999) : « Schooling and learning in three European countries ». *Compare*, 29 (3), 287-301.

REYNOLDS D. & FARRELL S. (1996) : *Worlds Apart? A Review of International Surveys of Educational Achievement Involving England* (London, H.M.S.O).

STEINBERG L. (1996) : *Beyond the Classroom : Why school reform has failed and what parents need to do.* (New York, Touchstone Books).

Références bibliographiques

Cécile de Bouttemont

L'étude des « valeurs culturelles d'une société à partir du quotidien de la classe » relève d'une nouvelle perspective de recherche au sein du champ de l'anthropologie de l'éducation.

Afin de mieux situer l'approche et la singularité de la thématique de ce numéro, cette bibliographie présente d'abord des ouvrages sur l'anthropologie de l'éducation, discipline en évolution, à la croisée de l'anthropologie et de l'éducation comparée. En distinguant les divers courants qui la traversent, cette première partie se propose de souligner les convergences et les divergences en termes de méthode d'analyse, de théories et de pratiques.

La seconde partie, en rassemblant des publications qui analysent, par l'approche comparée, les interactions entre culture et pratiques d'enseignement, met l'accent sur les spécificités et les valeurs culturelles d'un système d'enseignement.

Enfin sont citées dans la troisième partie les références d'études à caractère essentiellement ethnographique et sociologique. Rites, règles et traditions dans le contexte de la classe dévoilent les implicites culturels inhérents à toute organisation éducative.

La plupart de ces publications sont postérieures à 2000. Certaines d'entre elles sont consultables au centre de ressources documentaires du CIEP ou accessibles en ligne.

Anthropologie de l'éducation : débats et perspectives

ANDERSON-LEVITT Kathryn, Dossier : Anthropologie de l'éducation, pour un tour du monde, ***Éducation et Société****, janvier 2006, n° 17, pp. 7-27*

L'auteur entreprend de caractériser les divers courants de l'anthropologie de l'éducation dans le monde. Pour cela, elle interroge les liens entre les chercheurs en anthropologie, en ethnographie, en sociologie de l'éducation à travers le sens qu'ils donnent aux mots, leurs réseaux et les parentés de leurs approches qui divergent en fonction d'un pays ou d'un univers linguistique donné. Elle différencie l'anthropologie de l'éducation en Allemagne, dans le monde anglophone (États-Unis, Grande-Bretagne, Canada anglophone), et en France et met en évidence les influences sociales et culturelles qui jouent sur l'anthropologie de l'éducation. Elle conclut à la pluralité des courants au sein de l'anthropologie de l'éducation et appelle à une enquête approfondie entre anthropologues et ethnographes de l'éducation, sur les traditions nationales, leurs origines, leurs voies de diffusion.

BOUMARD Patrick, BOUVET Rose-Marie, « La société européenne d'ethnographie de l'éducation. Histoire et enjeux », ***Ethnologie française****, 2007, vol, 37, n° 4, pp. 689-697*

La société européenne d'ethnographie de l'éducation est abordée dans sa constitution historique et dans les enjeux dont elle est porteuse en termes de comparaisons internationales. À travers différents pays, les ethnographes de l'éducation opèrent une analyse comparative raisonnée de leurs pratiques de recherche sur les plans épistémologiques et méthodologiques.

COULON Alain, ***Ethnométhodologie et éducation****, PUF/Paris, 1993, 238 p., bibliogr.*

Dans cet ouvrage, l'auteur, professeur d'université, rappelle la pénétration en France de certains courants en sociologie de l'éducation, issus des États-Unis et de la Grande-Bretagne. Après avoir présenté les différentes conceptions interactionnistes et ethno-méthodologiques, il expose les principales orientations qu'elles revêtent dans le domaine de l'éducation et les recherches réalisées à partir de ces données. Il développe ensuite le concept d'affiliation et invite à réfléchir sur la notion de règle, qui se trouve au cœur des processus d'apprentissage.

DANVERS Francis, MALET Régis, ***Anthropologie de l'éducation et de la formation****, Spirale 31, 2003, 152 p.*

La thématique de ce numéro permet de confronter les enjeux et les limites épistémologiques et méthodologiques d'une lecture anthropologique des phénomènes éducatifs. Chaque contributeur apporte un éclairage différent compte-tenu de son objet et de son terrain d'investigation.

DELALANDE Julie, « Des recherches sur l'enfance au profit d'une anthropologie de l'école », ***Ethnologie française****, 2007, vol, 37, n° 4, pp. 671-679*

Cet article montre comment des travaux sur l'enfance empruntent autant à la sociologie qu'à l'anthropologie, tout en précisant l'apport spécifique de cette dernière. Les méthodologies d'enquêtes fondées sur une observation participante et le concept de culture font apparaître l'ethnologie comme une discipline de réflexion sur l'Autre.

FILIOD Jean-Paul, « Anthropologie de l'école. Perspectives », ***Ethnologie française****, 2007, vol, 37, n° 4, pp. 581-595*

Distinguant l'anthropologie de l'école de l'anthropologie de l'éducation, l'auteur interroge ce concept à travers des contributions diversifiées dans lesquelles l'école serait un objet pertinent de l'anthropologie. Le cinquième et dernier thème évoque les rites et les rituels en anthropologie en soulignant la pertinence de cette approche.

HENRIOT-VAN ZANTEN Agnès, ANDERSON-LEVITT Kathryn, « L'anthropologie de l'éducation aux États-Unis : méthodes, théories et applications d'une discipline en évolution », ***Revue française de pédagogie****, 1992, n° 101, pp. 79-104*

Au sein d'un dossier sur « les études ethnographiques de la scolarisation des enfants d'immigrés », cet article présente une discipline encore peu répandue en France, l'anthropologie de l'éducation. Après un historique de cette discipline, un rappel des différents travaux menés et des méthodes utilisées, les auteurs développent son apport pour l'analyse des difficultés scolaires des enfants de minorités.

JOCILES RUBIO Maria Isabel, FRANZE MUDANO Adela, ***Es la escuela el problema? Perspectivas socio-antropologicas de etnografia y educacion****, Editorial Trotta/Madrid, 2008, 416 p.*

Cet ouvrage retrace l'apparition récente de l'anthropologie de l'éducation en Espagne et la question des courants qui la traversent. Des questions en rapport avec la sociologie dans la classe sont abordées. La troisième partie de cet ouvrage propose une étude empirique de sept cas qui sont le résultat de recherches ethnographiques ou de réflexions théoriques sur des thèmes éducatifs tels que l'éducation aux valeurs.

LALLEMENT Michel, SPURK Jan, ***Stratégies de la comparaison internationale****, CNRS/Paris, 2003, 378 p., bibliogr.*

En mêlant réflexions épistémologiques et considérations méthodologiques, cet ouvrage, réalisé par plus d'une vingtaine de chercheurs de spécialités et de nationalités différentes, offre un panorama sur la comparaison internationale, l'une des stratégies de recherche les plus fécondes des sciences sociales contemporaines.

GOLDSTEIN Reine, ***Analyser le fait éducatif, une démarche, un outil****, Chronique Sociale/Lyon, 1998, 222 p., bibliogr.*

À la jonction de la sociologie et de l'ethnologie, l'ethno-éducation appréhende la compréhension du phénomène social total en privilégiant la dimension éducative: cet ouvrage divisé en cinq chapitres montre l'émergence de cette nouvelle discipline et explique ses fondements et son développement.

OSBORN Marilyn, « Promouvoir la qualité : comparaisons internationales et questions méthodologiques », ***Éducation et société****, février 2006, n° 18, pp. 163-180*

Cet article démontre l'importance, grâce à la comparaison interculturelle, des relations entre la conjoncture nationale, l'éthos institutionnel, les pratiques pédagogiques ainsi que leur rôle dans le développement de l'identité de l'apprenant. L'article souligne, à partir de trois pays, Angleterre, France, Danemark, la force de la recherche comparée pour clarifier les relations entre la conjoncture nationale et culturelle, les biographies individuelles et les pratiques pédagogiques.

SIROTA Régine dir., ***Autour du comparatisme en éducation****, PUF/Paris, 2001, 243 p.*

À partir d'expériences concrètes, des chercheurs d'une dizaine de pays européens, d'origines disciplinaires diverses, proposent leurs analyses des conditions institutionnelles et des pratiques en éducation comparée. État des lieux, usages des approches comparatistes, conditions institutionnelles et scientifiques de la comparaison, dispositifs comparatifs et innovations scolaires permettent un tour d'horizon général du comparatisme en matière d'éducation.

VAN ZANTEN Agnès dir., ***Dictionnaire de l'éducation****, PUF/Paris, 2008, 735 p.*

Plus de deux cents chercheurs, issus principalement de pays francophones, ont contribué à la rédaction de ce dictionnaire avec l'objectif de fournir un fonds commun de concepts, de méthodes et d'interprétations propres à chaque discipline. Le champ d'investigation du dictionnaire inclut la formation initiale et l'enseignement jusqu'à la fin de l'enseignement secondaire. L'ouvrage ne vise pas l'exhaustivité mais la représentativité des concepts et l'intérêt social des objets et des thématiques.

Culture et pratiques d'enseignement

ALEXANDER Robin, ***Culture and Pedagogy: International Comparisons in Primary Education****, Blackwell Publishers Ltd/Oxford, 2001, 642 p., index, bibliogr.*

L'auteur propose un voyage à travers les systèmes d'enseignement pour le cycle primaire dans cinq pays : l'Angleterre, la France, l'Inde, la Russie et les États-Unis. Ce livre combine étude comparative et étude historique et apporte ainsi un éclairage original sur les politiques éducatives dans ces pays. Parmi les nombreuses perspectives étudiées, l'organisation de la classe et l'expérience de l'élève sont abordées. L'analyse comparée des pratiques d'enseignement montre les différences, les similitudes et les universaux dans la réflexion et la pratique éducatives au niveau des systèmes, des établissements et des salles de classe.

ALEXANDER Robin, « Pédagogie, culture et comparaison: visions et versions de l'école élémentaire », ***Revue française de pédagogie****, janvier-février-mars 2003, n° 142, pp. 5-21*

Cet article s'appuie sur l'étude comparative de l'enseignement élémentaire. Pour l'auteur, la pédagogie doit être comprise comme un aspect de la culture. Il s'attache à observer l'interaction de deux séries de valeurs. L'une concerne la relation de l'individu à la société; l'autre touche à la nature du savoir, de l'enfance et de l'apprentissage. Ces valeurs sociales et pédagogiques se combinent pour produire des versions différenciées de l'enseignement. Le présent article illustre l'impact qu'elles peuvent avoir dans les écoles et les classes, et plus particulièrement leur effet sur le discours pédagogique.

ALEXANDER Robin, BROADFOOT Patricia, PHILLIPS David, ***Learning from Comparing: new directions in comparative educational research. Volume I: Contexts, Classrooms and Outcomes****, Symposium Books/Oxford., 1999, 302 p.*

Cet ouvrage fait suite à une série de séminaires portant sur l'éducation comparée dans les années 1990. La première partie du volume propose une vue d'ensemble du champ de l'éducation comparée; la seconde s'attache à observer ce qui se passe au niveau de la classe, des établissements et des pratiques pédagogiques; la troisième porte sur l'évaluation des élèves, la qualité et le rendement de l'éducation.

BROUGERE Gilles, RAYNA Sylvie, ***Culture, enfance et éducation préscolaire****, Unesco/Paris, 1998, 268 p.*

Cet ouvrage rassemble les actes d'un séminaire portant sur la dimension culturelle de l'éducation préscolaire. Il comporte treize contributions de spécialistes venant de quatre continents et travaillant dans des champs disciplinaires différents et est organisé en sept parties. La première introduit la problématique de l'ancrage culturel, la seconde est consacrée à des approches comparatives de pratiques éducatives à l'école maternelle (États-Unis, Chine, Japon). L'ouvrage se poursuit avec l'incidence des représentations de l'enfant sur l'éducation préscolaire, les normes et les valeurs culturelles et sociales, les solidarités familiales (Mali, France).

BROUGERE Gilles, GUENIF-SOUILAMAS Nacira, RAYNA Sylvie, « École maternelle in France: a cross-cultural perspective », ***European Early Childhood Education Research Journal****, Volume 16, n° 3, septembre 2008, pp. 371-384*

Cet article présente une analyse des discours croisés d'enseignantes du préscolaire et de parents (migrants et non migrants) sur les enfants (de) migrants à l'école maternelle française. Recueillis en France à l'aide de l'ethnographie polyphonique développée par Joseph Tobin, ces discours sont confrontés aux voix venues des Etats-Unis, se croisent sur les questions du jeu, des apprentissages, et de la langue. Ils mettent en perspective l'ordre républicain qui sous-tend le système éducatif français, laissent voir différents modèles normatifs. Ils donnent à voir les principes normatifs et les valeurs culturelles mobilises par chacun des protagonistes ainsi que leur traduction au quotidien.

DUSSAP-KÖHLER Anne, ***L'école primaire en France et en Allemagne: quelles valeurs ? Regards croisés****, OFAJ/DFJW, 2002, [rapport en ligne] http://www.teletandem.org/doclies/annedussapregards/annedussapregards.html*

Ce texte recueille les témoignages d'enseignants français et allemands qui, dans la cadre d'un programme d'échange, ont enseigné une année ou plus dans le pays voisin. Allant de la découverte d'un quotidien nouveau et d'un autre fonctionnement social à l'adaptation dans un système éducatif profondément différent, les enseignants ont été amenés à se confronter aux différences culturelles, à recréer des pratiques professionnelles pour enrichir leur approche de la pédagogie.

KAHN Sabine, REY Bernard, « Pratiques d'enseignement, forme scolaire et difficultés des élèves », ***Les Dossiers des Sciences de l'Education****, 2008, n° 19, pp. 13-25*

Cet article s'interroge sur le cadre conceptuel qui peut régir l'étude des pratiques d'enseignement. Après avoir rappelé quelques-uns des critères pour qu'une telle étude soit scientifique, les auteurs proposent de saisir ces pratiques à partir de la forme anthropologique de transmission qu'est l'enseignement et montrent pourquoi l'étude de ce qui se passe dans une classe ne peut se passer d'une référence à la « forme scolaire ». Cette « forme scolaire » rend compte des contraintes parmi lesquelles chaque enseignant tente, devant sa classe, d'établir un compromis. Enfin, dans une troisième partie, les auteurs montrent comment ce modèle explicatif fonctionne pour rendre compte de ce qui se passe dans une classe.

NEWMAN Elizabeth, TAYLOR Alison, WHITEHEAD Joan et al., « "You just can't do it like that, it's just wrong!" Impressions of French and English trainee primary teachers on exchange placement in primary school abroad: the value of experiencing the difference », ***European Journal of teacher education****, 2004, vol. 27, n° 3, pp. 285-298*

À travers l'analyse d'entretiens conduits avec de futurs instituteurs à propos de leurs expériences de stage dans un pays voisin, les auteurs soulignent les bénéfices tirés de ces stages. Ils permettent d'aider les instituteurs en formation à réfléchir sur leur propre culture d'enseignement et permettent aussi de comprendre les différences qui sont à la base d'un autre système d'éducation et d'une autre langue.

OSBORN Marilyn, BROADFOOT Patricia, MCNESS Elizabeth et al., ***A world of difference? Comparing learners across Europe****, Open University Press/ Maidenhead, 2003, 282 p., bibliogr.*

En comparant l'expérience scolaire et le contexte socio-économique d'élèves anglais, français et danois, dont les systèmes éducatifs diffèrent fortement, les auteurs s'intéressent à l'interaction entre cultures nationales éducatives, parcours individuels et pratiques de classe, notamment à la manière dont ces dernières forgent le contexte d'apprentissage.

PLANEL Claire, « National cultural values and their role in learning: A comparative ethnographic study of state primary schooling in England and France », ***Comparative education****, vol. 33, n° 3, 1997, pp. 349-373*

Cette étude ethnologique tente de définir les valeurs culturelles et éducatives dans l'enseignement primaire en France et en Angleterre. Les élèves filtrent ce qu'ils apprennent à travers la culture à laquelle ils appartiennent. L'article suggère que les valeurs culturelles ont plus de signification pour l'apprentissage que les méthodes pédagogiques.

SOLERE-QUEVAL Sylvie, ***Les valeurs au risque de l'école****, Presses universitaires du septentrion/Villeneuve d'Ascq, 1999, 213 p., bibliogr.*

Quinze auteurs d'horizons différents tentent de répondre à deux questions fondamentales : de quelles valeurs l'école doit-elle être porteuse et quelle école veut-on pour promouvoir des valeurs ? La dernière partie de l'ouvrage propose un projet dans lequel les valeurs jouent un rôle de valorisation de la personne humaine.

WOODS Peter, ***L'ethnographie de l'école****, Armand Colin/Paris, 1990, 175 p.*

Cet ouvrage étudie la vie quotidienne dans les établissements scolaires à travers les stratégies institutionnelles des professeurs et des élèves, les perspectives qui guident leurs actions, et les cultures dans lesquelles s'enracine leur conduite.

Les valeurs culturelles [1]

« Existe-t-il une vie scolaire ? Apprendre et vivre la démocratie à l'école », ***Cahiers pédagogiques****, juin 2003, n° 415, 70 p.*

Le dossier présenté ici traite de la vie scolaire à la fois comme un espace de passage quotidien pour les usagers de la communauté scolaire mais aussi comme le temps en dehors de la classe

1. Voir *Revue internationale d'éducation de Sèvres*, avril 2007, n° 44, « L'élève futur citoyen », coordonné par Maroussia Raveaud.

où les adultes prennent en charge les élèves. Les témoignages recueillis dans ce dossier mettent l'accent sur ce que transmet la vie scolaire en termes de savoir-être et de savoir-faire avec le rôle des conseillers principaux d'éducation.

ALEXANDER Robin, HOFMANN Jan, PRAIRAT Eirick, ***L'apprentissage de la civilité à l'école : regards croisés,*** *Les rencontres de la DESCO, 2003, 36 p.*

Le thème de l'apprentissage de la civilité à l'école est abordé dans ce dossier sous un angle original qui repose sur l'intervention de collègues d'autres pays européens. Ainsi est évoquée la façon dont cette thématique est abordée en Grande Bretagne et en Allemagne.

ANNERSTEDT Claes, « Physical education in Scandinavia with a focus on Sweden: a comparative perspective », ***Physical education and sport pedagogy,*** *vol. 13, n° 4, octobre 2008, pp. 303-318*

L'analyse comparée dans quatre pays scandinaves – Norvège, Finlande, Danemark et Suède – montre qu'il existe de nombreuses similitudes dans le domaine de l'éducation physique à l'école. Après avoir précisé ces caractéristiques communes qui s'appuient sur des valeurs communes comme la socialisation la coopération et le goût de l'effort plus que les résultats physiques, l'auteur avance quelques différences.

BROUGERE, Gilles, VANDENBROECK Michel, ***Repenser l'éducation des jeunes enfants,*** *PIE Peter Lang/Bruxelles, 2007, 288 p.*

La deuxième partie de cet ouvrage présente des travaux menés par des chercheurs qui apportent une perspective critique sur l'éducation préscolaire en France, en Suède et aux États-Unis. La socialisation par le loisir est analysée dans ces trois contextes nationaux dans deux chapitres.

BROUGERE Gilles, TOBIN Joseph, « Culture et sexualité enfantine à l'école maternelle. Étude comparée entre les États-Unis et la France », ***Éducation et société,*** *2000/2, n° 6, pp. 167-185*

L'article engage une réflexion sur le fondement culturel des systèmes préscolaires. Il suppose que l'éducation des jeunes enfants et leurs activités sont à référer à des différences culturelles qui renvoient aux valeurs et aux représentations de chaque pays.

CHASTENAT Marie-Hélène, NIENS Ulrike, « L'éducation à la citoyenneté dans des contextes de division : les défis au Québec et en Irlande du Nord », ***Éducation et francophonie,*** *2008, vol. 36, n° 1, pp. 103-122*

Ce texte propose un examen des particularités de la citoyenneté et de l'éducation à la citoyenneté au Québec et en Irlande du Nord, en comparant les concepts clés et les cadres théoriques qui sous-tendent l'éducation à la citoyenneté dans ces deux sociétés. À partir de la documentation scientifique et de recherches antérieures, les auteurs tentent de déterminer dans quelle mesure diverses dimensions de la citoyenneté trouvent écho dans les initiatives pédagogiques dans les deux sociétés étudiées. Elles examinent et comparent les programmes d'éducation à la citoyenneté pour cerner les différences et les ressemblances entre les mesures éducatives prises pour promouvoir la citoyenneté dans l'une et l'autre société. Enfin, les auteurs analysent le sens de la citoyenneté et la valeur de l'éducation à la citoyenneté pour promouvoir stabilité sociale et politique dans des sociétés divisées.

POTVIN Maryse, CARR Paul, « La valeur ajoutée de l'éducation antiraciste : conceptualisation et mise en œuvre au Québec et en Ontario », ***Éducation et francophonie,*** *2008, vol. 36, n° 1, pp. 197-216*

Les auteurs s'interrogent sur l'importance d'une prise en compte des éléments d'une approche antiraciste dans l'éducation la citoyenneté. Ils présentent sa valeur ajoutée, les critiques qui lui sont adressées et sa présence comparée dans les milieux scolaires québécois et ontarien. Ils dressent un bref portrait des politiques et des pratiques au niveau primaire et secondaire.

RAVEAUD Maroussia, ***De l'enfant au citoyen : la construction de la citoyenneté à l'école en France et en Angleterre****, PUF/Paris, 2006, 209 p.*

Quelle est la contribution de l'école dans la formation des citoyens ? Cette étude comparative sur des écoles primaires françaises et anglaises met en lumière les spécificités politiques, philosophiques et scolaires de ces deux pays. Les dynamiques à l'œuvre dans les classes sont révélatrices des valeurs nationales. Il apparaît que la citoyenneté n'est pas un invariant universel, mais une construction sociale spécifique à une culture donnée.

SCHIFFAUER Werner, BAUMANN Gerd, KASTORYANO Riva et al., ***Civil Enculturation. Nation State, School and Ethnic Difference in The Netherlands, Britain, Germany and France****, Bergahn Books/New-York-Oxford, 2004, 400 p.*

Cet article est basé sur un projet de recherche international mené parmi des étudiants turcs du cycle secondaire en Grande-Bretagne, en France, aux Pays-Bas et en Allemagne. Il montre que la culture civique, liée notamment aux modes de structure, d'interaction et d'expression, préserve sa différence entre les divers États-nations. Elle se transmet et est assimilée, en premier lieu, par l'intermédiaire explicite et implicite de l'apprentissage scolaire.

VERDELHAN-BOURGADE Michèle coord., ***Les manuels scolaires, miroirs de la nation ?****, L'Harmattan/Paris, 2007, 294 p., bibliogr.*

Les différents contributeurs de cet ouvrage montrent en quoi les manuels scolaires dépassent la simple transmission des connaissances mais insufflent également des valeurs traditionnelles autant que des savoirs. Le fil conducteur est ici le thème de la nation, mais l'étude des manuels peut se développer de différentes manières selon les deux perspectives historique ou synchronique, l'une et l'autre étant parfois comparatiste.

Rites, règles et traditions dans le contexte de la classe

BARRERE Anne, ***Les lycéens au travail****, PUF/Paris, 1997, 262 p.*

L'auteur propose une approche originale de l'école : elle a choisi d'observer les lycéens comme on observe des travailleurs en situation professionnelle, sans préoccupation pédagogique et sans s'inscrire *a priori* dans les problématiques d'inégalités sociales et d'échec scolaire. Elle souligne que l'appel au travail scolaire demeure, pour les professeurs comme pour les lycéens, le seul recours face aux difficultés ou au manque de motivation. Mais ce recours à l'effort est souvent problématique car il peut être à la fois très exigeant et fort peu explicite. Ainsi, beaucoup d'élèves saisissent mal l'articulation entre les exigences méthodologiques et les exigences de contenu.

BARRERE Anne, ***Que font les élèves et les enseignants du secondaire ?****, Presses universitaires de Rennes, 2004, 201 p.*

Cette étude est consacrée au travail à l'école à partir de deux enquêtes sociologiques. Elle s'efforce de cerner davantage les pratiques réelles que les discours normatifs, de ne pas limiter l'analyse aux seules interactions dans la classe mais d'envisager le travail à l'école de manière globale. L'auteur porte un regard croisé sur le travail des élèves et des enseignants pour éclairer les accords et les tensions qu'ils vivent au quotidien.

GARCION-VAUTOR Laurence, « L'entrée dans l'étude à l'école maternelle. Le rôle des rituels du matin », ***Ethnologie française****, janvier 2003, n° 93, pp. 141-148*

À travers l'étude d'une séance de regroupement quotidienne dans une classe et des rites qui l'accompagnent, l'auteur cherche à mettre en évidence les mots et les gestes permettant aux élèves d'entrer dans un rôle et dans une culture.

GASPARINI Rachel, ***Ordres et désordres scolaires : la discipline à l'école primaire****, Grasset/Paris, 2000, 285 p.*

À travers des études de cas prises dans trois classes pratiquant des pédagogies novatrices – classe Montessori, classe Freinet, classe plurielle – l'auteur propose ses réflexions sur la discipline scolaire et son lien avec la relation pédagogique. Après un premier chapitre consacré à l'étude historique de l'apparition et de l'évolution de la discipline scolaire, l'ouvrage restitue les recherches sociologiques menées dans ces trois écoles primaires novatrices avec, en arrière plan, cette interrogation : « comment arriver à contraindre l'élève tout en prétendant l'éduquer à la liberté ? ».

GAYET Daniel, ***Côté cour, côté classe****, INRP/Paris, 2003, 99 p.*

L'auteur étudie l'établissement des compétences sociales dans la cour de récréation chez les enfants du primaire par opposition à la classe, lieu d'évaluation des compétences scolaires. L'auteur invite à étudier plus précisément quelle part revient à l'éducation familiale dans la genèse de ces conduites sociales, côté cour et côté classe.

MARCHIVE Alain, « Ethnographie d'une rentrée en classe de cours préparatoire : comment s'instaurent les règles de la vie scolaire ? », ***Revue française de pédagogie****, n° 142, janvier-février-mars 2003, pp. 21-32*

Cette recherche analyse les stratégies utilisées par l'enseignant pour instituer les règles de la vie scolaire et les conséquences de son action au plan didactique. Après avoir montré comment l'enseignant définit les formes de l'organisation scolaire, l'auteur étudie les conditions dans lesquelles les élèves opèrent des ajustements et interprètent les règles. Il démontre que rien n'est totalement figé et que maîtres et élèves participent dès lors à une « co-construction » de la réalité scolaire.

MARCHIVE Alain, « Le rituel, la règle et les savoirs : Ethnographie de l'ordre scolaire à l'école primaire », ***Ethnologie française****, 2007/4, n° 112*

L'école n'est pas seulement le lieu de l'enseignement de savoirs institués, elle est aussi le lieu d'apprentissages implicites des règles de la vie scolaire. La description d'une rentrée dans une école primaire, l'étude de la mise en place des règles dans un cours préparatoire et l'observation ethnographique des leçons de mathématiques en classe de cours moyen sont l'occasion d'analyser les différentes fonctions des rituels. L'auteur s'interroge aussi sur leur rôle dans l'organisation des situations d'enseignement, sur les conditions de diffusion des savoirs, et dans l'instauration de l'ordre scolaire à l'école primaire.

MONTANDON Cléopâtre, ***L'éducation du point de vue des enfants****, L'Harmattan/Paris, 1997, 256 p.*

En s'appuyant sur des entretiens réalisés à Genève auprès d'une soixantaine d'enfants âgés de 11 et 12 ans, cet ouvrage fait découvrir la signification que ceux-ci donnent à l'éducation familiale et scolaire, les émotions qu'ils éprouvent dans les diverses situations éducatives et les stratégies qu'ils développent. Les enfants témoignent d'un rapport exigeant aux pratiques de leurs éducateurs, d'un rapport réfléchi aux savoirs qui leur sont transmis et d'un rapport plus ambigu à l'avenir qu'ils anticipent.

PERRENOUD Philippe, ***Métier d'élève et sens du travail scolaire****, ESF/Issy-les-Moulineaux, 1994, 207 p.*

Tout en proposant une analyse sociologique de l'éducation, ce livre est centré sur la vie quotidienne, les pratiques et les stratégies des élèves et des maîtres au sein de l'école. Il pose cette question récurrente: peut-on parler d'un métier d'élève? L'auteur étudie ici ce « drôle de métier » et en explore les principales facettes: le rapport entre l'école et la vie, le curriculum formel face au curriculum réel (ensemble de l'expérience de l'élève), son rapport stratégique au travail scolaire et son comportement face à l'évaluation. Il aborde aussi des aspects plus pragmatiques comme le sens des devoirs à la maison et le (non) lien que tisse l'enfant entre sa famille et l'école.

RAYOU Patrick, ***La grande école. Approche sociologique des compétences enfantines****, PUF/Paris, 1998, 208 p.*

Le comportement des écoliers, acteurs sociaux à part entière, est analysés sous de nombreux aspects, dans la classe et dans la cour de récréation. Leurs attitudes sont revues à la lumière des compétences acquises entre le CP et le CM2 et l'auteur montre comment ils définissent, comme les adultes, les situations scolaires.

RIVIERE Claude, ***Les rites profanes****, PUF/Paris, 1995, 261 p.*

Dans ce livre sur l'anthropologie du quotidien, un chapitre est consacré aux micro-rituels de la vie enfantine avec les rites d'accès et d'accueil, les rites d'ordre et les rites d'activité.

ROCKWELL Elsie, « La lecture scolaire comme pratique culturelle : concepts pour l'étude de l'usage des manuels », ***Éducation et société****, 2006, n° 17, pp. 29-48*

Les observations menées par l'auteur dans des écoles primaires au Mexique montrent que chaque manière de lire peut mener à une utilisation propre du matériel imprimé, et parfois à accentuer la distance entre l'écrit et l'expérience vécue de l'élève. Ces observations reflètent les rapports de l'école à la culture écrite d'un environnement socioculturel où les élèves emploient leurs propres tactiques pour trouver du sens au texte. La culture scolaire est traversée de processus sociaux et politiques créés hors de l'école et montre que l'invention quotidienne de nouveaux usages et de nouveaux sens des manuels est possible.

ROGOFF Barbara, MOORE Leslie, NAJAFI Behnosh et al., « Développement des répertoires culturels et participation des enfants aux pratiques quotidiennes », *in Gilles BROUGERES et Michel VANDENBROECK,* ***Repenser l'éducation des jeunes enfants****, Peterlang/Bruxelles, 2008, pp. 103-138*

Selon les auteurs, les pratiques et les routines culturelles enracinées dans les communautés contribuent de façon cruciale au développement humain. L'un des chapitres de cet ouvrage présente les variations dans l'implication des enfants dans les activités culturelles. Cette étude conduit à porter l'attention à la fois sur le rôle de guide des traditions culturelles et sur le rôle actif des individus eux-mêmes.

SIROTA Régine, ***L'école primaire au quotidien****, PUF/Paris, 1988, 195 p.*

Cette recherche menée à partir d'observations de classe projette le lecteur dans le quotidien de la classe et montre comment s'articule le quotidien des enfants et la pratique enseignante, les interactions de ces deux acteurs sociaux. Diverses questions sont abordées : comment maîtres et élèves construisent-ils, dans la situation les règles de la vie en classe, comment se constitue le métier d'élève et quelle est la marge d'autonomie des enseignants ?

WULF Christoph, « Le rituel : formation sociale de l'individu et de la communauté », ***Spirale 31****, 2003, pp. 65-74*

L'auteur analyse le rituel comme étant un mouvement corporel avec un début, une fin et une direction précise. La socialisation et l'éducation des enfants à l'école s'accomplissent essentiellement par des actions rituelles. Par les rituels scolaires, l'habitus de l'élève est produit, exercé et modifié. Les rituels font du cours un espace et un moment et du rapport entre professeurs et élèves, une performance rituelle. Par la ritualisation, l'individu acquiert un savoir pratique qui s'accumule au cours des ritualisations.

ZAFFRAN Joël, « La discipline et la régularité à l'école républicaine et à l'école démocratique de masse », ***Éducation et Société****, 2006, n° 17, pp. 141-158*

Dans le modèle classique de la socialisation à l'école républicaine, la morale transite par un esprit de discipline faisant appel à la régularité de l'action. C'est ce principe et son analogie avec le modèle religieux d'éducation que l'auteur souhaite mettre au jour dans une première partie. Il redéfinit ensuite la discipline et la régularité en référence aux transformations contemporaines de l'école et des modes de socialisation.

Abstracts

Comparative perspectives on classroom practices and values

Coordination : Anne-Marie Bardi, Maroussia Raveaud

Introduction
Observing, comparing, understanding p. 29

Anne-Marie Bardi

On classroom talk and its uses
An international comparison p. 35

Robin Alexander

This article reassesses the role of classroom talk in children's learning beyond being a simple teaching tool. It underlines how classroom talk is shaped and constrained by the pedagogic and cultural environment in which it is situated. A comparative study of primary education in five countries delineates versions of human relations and of teaching values which underpin pedagogic practice, student-teacher relations, attitudes to knowledge and the nature of classroom talk. Classroom talk varies according to its tone, meaning and where it leads. The informal, conversational type of exchanges observed in the United-States contrast with the more structured and cognitively demanding exchanges in Russia, which amount to more genuine dialogue.

Cultures and values in Chinese classrooms p. 49

Lixian Jin, Martin Cortazzi

This paper discusses some classroom practices of interaction in schools and universities in China, within the context of the wider education system. It presents an analysis of some key educational and cultural values which underlie these practices. To research the values behind these practices we have analysed students' essays and questionnaire data and collected students' metaphors for teachers and learning. From these data, we outline the values underlying students' conceptions of "the teacher", "the student" and "learning" in China.

Classroom life in Beauvais (France) and in Naples (Italy)
Filming for understanding: a visual anthropology p. 63

Teresa Mariano Longo, Thierry Roche

Visual anthropology, through filming in comparable classes at the end of primary school in France and in Italy, highlights significant differences relating to various aspects of schooling and teaching, e.g. the way schools look, how classrooms are organised, exchanges between teachers and students, their gestures and behaviour, the degree of recognition of personal feelings, dealing with mistakes. Based on the premise that children arrive at school from a family environment within which they have built a certain self-image, this study compares the French and Italian cultural specificities underlying the observed differences. This article combines the unmediated evocative power of the image with an analysis that points to French and Italian history and culture and reaffirms that pedagogy is clearly embedded in a cultural context.

The iceberg tip of cultural values
Classroom practice in English and French primary schools p. 75

Claire Planel

This article provides an illustration of the concept that pedagogy is a cultural product. It explores how observable classroom practices in English and French primary classrooms are underpinned by deeper cultural values. The findings are based on an analysis of the experience and observations of a small group of English and French teacher trainees on work placements in each other's countries. The analysis of the trainees' responses brings English and French cultural values to the surface and suggests how these interrelate. The cross cultural comparison sheds light on the meaning of pedagogy in the two countries as well as showing how pedagogy itself is defined by context.

Pupil experience in England and France p. 87
Marilyn Osborn

The article draws upon a series of international comparative research projects to compare classroom practice and pupil experience in English and French primary and secondary schools. In doing so it demonstrates how both policy and classroom practice are rooted in a particular cultural context and are related to wider educational and societal values in the two countries. For example, in French classrooms pupils are expected to strive to achieve a common level of attainment, and this achievement is seen as reflecting the amount of effort they are prepared to exert. In contrast, in England pupils are still expected to reach widely varying levels of attainment which government policy sees as reflecting their innate ability. Values in the classroom reflect a wider cultural emphasis on universal egalitarian values in France, compared with individualistic values in England, reflected in a belief in differentiating teaching to the 'needs' of the particular child.

Danish values, foundations of the Folkeskole p. 99
Elizabeth McNess

This article presents the continuing underlying values which continue to permeate current educational policy and the structure and organisation of the Danish Folkeskole. Values of democracy, consensus and co-operation, and the prime importance placed on good communication and the social and affective side of learning are illustrated in the pivotal role of the klasselœrer, the teacher responsible for the class. Alongside her long-range educational and pastoral aim, she plays a long-term role as a counsellor, encouraging maximum contact between the family and the school.

Social factors in student achievement motivation
Comparison across England, the United States, Russia p. 113
Julian G. Elliott

This paper considers some social factors that appear to underpin high levels of academic motivation and engagement. In comparing students from three very different cultural settings in England, the US and Russia, the paper highlights differences in the perceived purpose and value of education in each context, and the influence, both negative and positive, of peers in relation to educational striving and achievement. The paper concludes by noting that Russian students appear to be adopting more Western perspectives in respect of some of the themes identified and discussed.

Bibliographic references p. 125
Cécile de Bouttemont

Resúmenes

Expediente
En clase: prácticas pedagógicas y valores culturales

Coordinación: Anne-Marie-Bardi, Maroussia Raveaud

Introducción:
Observar, comparar, entender p. 29
Anne-Marie Bardi

El uso de la palabra en clase
Una comparación internacional p. 35
Robin Alexander

Este artículo reexamina el papel de la palabra en clase, más allá de su función de herramienta educativa. Demuestra cómo la palabra está estructurada y supeditada al marco educativo y cultural en el cual se sitúa. Un estudio comparativo de la educación primaria efectuado en 5 países reveló diversos modelos de relaciones humanas y valores pedagógicos que sustentan la enseñanza, la relación entre el docente y el alumno, la relación con respecto al conocimiento y la naturaleza de la palabra en clase. La palabra en clase difiere según su tono, su significado y sus finalidades. Los intercambios de tipo interactivo observados en los Estados Unidos se contraponen, en Rusia, al uso de una palabra más estructurada y cognitivamente más exigente que conduce a un auténtico diálogo.

Cultura y valores en las clases chinas p. 49
Lixian Jin, Martin Cortazzi

Este artículo aborda las interacciones existentes en las clases escolares y universitarias chinas, situándolas en el contexto más amplio del sistema educativo.
Analiza ciertos valores educativos y culturales claves en los que se fundamentan dichas prácticas. Para revelar los valores que sustentan dichas prácticas, los autores analizaron los deberes de los alumnos, utilizaron cuestionarios y clasificaron las metáforas empleadas por los alumnos al referirse a sus profesores y a la enseñanza en general. A partir de estos datos, los autores sacaron a la luz los valores en los que se fundamentan las representaciones efectuadas por los alumnos acerca del "docente," el "alumno" y el "aprendizaje" en China.

137

La vida en clase en Beauvais (Francia) y en Nápoles (Italia)
Filmar para comparar, un enfoque a través de la antropología visual p. 63
Teresa Mariano Longo, Thierry Roche

La antropología visual permite revelar, gracias a diversas tomas efectuadas en clases comparables al final del ciclo primario en Francia y en Italia, diferencias notables en varios ámbitos de la enseñanza: el aspecto de las escuelas, el acondicionamiento de las aulas, los gestos y comportamientos de cada uno, los intercambios entre docentes y alumnos, el lugar más o menos reducido de los sentimientos personales y el tratamiento de los errores. Partiendo de la idea de que el niño elaboró una cierta imagen de sí mismo en su núcleo familiar y al llegar a la escuela va a enfrentarse a una institución escolar, este estudio intenta comparar las especificidades culturales francesas e italianas que generan las diferencias observadas. La imagen presenta fuerza de evocación, sin mediación; el análisis hace alusión a conocimientos históricos y culturales sobre Francia e Italia, y permite afirmar que la pedagogía tiene obviamente connotaciones culturales.

La parte emergente del iceberg de los valores culturales
Prácticas pedagógicas en las escuelas inglesas y francesas p. 75
Claire Planel

Este articulo analiza el concepto según el cual toda pedagogía es producto de una cultura. Estudia cómo las prácticas pedagógicas que se observan en las aulas de Inglaterra y Francia se sustentan en valores culturales más profundos. Las conclusiones a las que llega este estudio se basan en el análisis de la experiencia y en las observaciones efectuadas por un pequeño grupo de docentes durante sus prácticas en el país de intercambio. Sus reacciones reflejan los valores culturales franceses e ingleses

Repères

La longue marche du Kenya vers la scolarisation universelle

Le Kenya contemporain se caractérise par l'importance du fait scolaire à la fois d'un point de vue social et politique. Que ce soit en ville ou dans les campagnes, le paysage est dominé par une multitude d'écoles ; l'éducation est au cœur des discours politiques, particulièrement au moment des échéances électorales. Depuis son indépendance en 1963, le développement rapide de l'éducation au Kenya a été le fruit d'une volonté politique affirmée, relayée par un investissement majeur des communautés locales. Au cours des cinq dernières années, le pays s'est lancé, grâce à l'appui de la communauté internationale, dans un programme ambitieux de scolarisation universelle avec la rémission des frais de scolarité dans l'enseignement primaire en 2003, puis dans le secondaire en 2008. Ce renouveau scolaire, qui fait suite à la décennie de crise des années 1990, a généré d'importantes recompositions du système éducatif. Celles-ci ont modifié le rôle et la place de l'école dans la société.

Les dynamiques historiques de la scolarisation au Kenya

L'importance du fait scolaire au Kenya est en partie imputable à l'histoire particulière de cette ancienne colonie britannique. L'administration coloniale, sous l'influence d'un colonat blanc très puissant, avait mené une politique de développement séparé notamment dans le domaine de l'éducation. Chaque population de la colonie (Africains, Indiens et Européens) recevait une éducation correspondant à sa place dans l'édifice colonial. La scolarisation des Africains était confiée aux missionnaires qui s'intéressaient davantage à l'évangélisation des populations qu'à leur éducation. Ce parti pris avait rapidement suscité des conflits d'intérêts avec l'administration coloniale qui subventionnait ces écoles, mais aussi avec les populations africaines insatisfaites.

Certaines assemblées locales (*Local Native Councils* - LNC), créées en 1924 pour donner un canal légal d'expression aux revendications africaines et promouvoir le développement local, ont ainsi décidé de lever une taxe spéciale pour créer leurs propres écoles. Dans la province centrale du Kenya, plusieurs communautés kikuyu ont formé des églises et des écoles indépendantes en rupture avec les églises chrétiennes. À partir de 1945, la question scolaire devient une revendication politique majeure : la *Kenya African Union* (qui est la première organisation politique africaine d'envergure nationale) réclame ainsi la scolarisation gratuite et obligatoire. Cette pression sociale et politique semble porter ses fruits puisque la scolarisation triple entre 1949 et 1959.

Les efforts déployés par les communautés en faveur de l'éducation se poursuivent après l'indépendance du pays, en 1963. L'école devient alors officiellement le levier du développement économique et identitaire de la nouvelle nation indépendante.

À l'instar de nombreux pays africains, l'indépendance est marquée par une véritable fièvre scolaire. Les écoles primaires de la jeune république du Kenya accueillent plus d'un million d'élèves en janvier 1964, soit deux fois plus qu'en 1957 (Bogonko, 1992). Répondant au mot d'ordre lancé par le président Jomo Kenyatta « *Harambee, Harambee !* » qui signifie en swahili « Tirons tous ensemble pour aller de l'avant », les communautés se mobilisent pour construire des écoles. En 1978, le Kenya compte quatre millions d'élèves dans le primaire soit quatre fois plus qu'en 1963 et treize fois plus dans le secondaire (Eshiwani, 1993). Les familles contribuent activement à cette expansion du système scolaire à travers les frais de scolarité qui représentent, en 1970, un tiers du budget des écoles et les *Harambee Funds* qui servent à construire de nouvelles écoles et à payer les enseignants. En 1973, 60 % des écoles secondaires sont des écoles *Harambee* ; lorsqu'elles ont atteint un niveau satisfaisant, ces écoles sont intégrées dans le système national. Entre 1963 et 1974, la part du budget de l'État consacrée à l'éducation passe de 11,9 % à 24,7 % (Abreu, 1982). C'est précisément l'État qui impulse cette dynamique collective originale en encourageant et en récompensant les initiatives des communautés. En 1973, à l'occasion des dix années d'indépendance, le président Kenyatta décrète la scolarisation gratuite pour les quatre premiers niveaux du primaire. Cette mesure, qui vient récompenser les efforts des populations, renvoie à un idéal social et politique très fort. La scolarisation universelle figurait dans le programme du parti KANU [1] dès 1963. L'une des premières mesures adoptées par Daniel Arap Moi, devenu président en 1978, est l'extension de la gratuité de l'école à toutes les classes du primaire. Il légitime ainsi son action en l'inscrivant dans une certaine continuité historique. Ces décisions politiques entraînent un nouvel afflux d'élèves dans le primaire, dont le nombre augmente de 49 % en janvier 1974. Ce recrutement exceptionnel décroît cependant rapidement car la gratuité de l'école n'est qu'apparente. Cette forte affluence nécessite des constructions de classes supplémentaires qui entraînent de nouvelles contributions comme les *Activity fees*, les *School building funds*, ou encore les *Watchmen fees* (Abreu, 1982)... Aucune loi ne régit ces participations. Aussi, d'une école à l'autre, les situations sont extrêmement variables, parfois, les frais de scolarité demandés sont plus élevés qu'avant la gratuité... Ces mesures génèrent également une forte demande au niveau du secondaire que les écoles du pays ne sont pas en mesure d'absorber. Par conséquent, le passage du premier au second cycle devient plus sélectif, renforçant ainsi le caractère élitiste du système scolaire. Or, en dépit de la contribution active de la population kenyane, la croissance de la population scolaire pèse lourdement sur le budget de l'État, à un moment où la conjoncture économique se retourne.

1. *Kenya African National Union*, parti politique dirigé par Jomo Kenyatta, vainqueur aux élections de 1963 et qui conserve le pouvoir jusqu'en 2002.

Crise et recomposition du système éducatif

Les plans d'ajustement structurels adoptés pour faire face à la crise touchent directement le secteur éducatif. L'État, sommé de réduire ses dépenses, concentre ses efforts sur les besoins les plus urgents, en l'occurrence le niveau primaire. La réforme 8-4-4, adoptée en 1985, porte la durée du cycle primaire à huit années (contre sept auparavant). Les cycles secondaires et universitaires sont désormais de quatre années chacun au lieu de six et trois ans. Afin de rendre les enseignements plus adaptés aux besoins du pays, les disciplines techniques et agricoles sont réintroduites dans les programmes. Les communautés participent au financement de la réforme en contribuant à la construction de nouvelles classes et aux nouveaux équipements. En 1989, la scolarisation primaire universelle est pratiquement atteinte avec un taux brut de scolarisation de 105 % (30 % dans le secondaire).

Les années 1990 sont cependant marquées par une forte déscolarisation : en 1998, les taux bruts de scolarisation tombent à 89 % dans le primaire, et 23 % dans le secondaire. Les populations appauvries par la crise économique ne peuvent plus assumer le coût de l'éducation qui ne cesse d'augmenter : entre 1994 en 1997, la charge revenant aux familles pour la scolarisation d'un élève dans le primaire est passée de 843 à 1 200 Ksh [2]. Or la part du budget de l'État consacrée à l'éducation continue de grimper, passant de 18,5 % à 26,4 % entre 1989 et 1999 (dont 90 % vont aux traitements des enseignants). Ce système très coûteux n'est pas performant pour autant. En 1999, les taux de complétion du primaire sont de 40 % mais ils sont seulement 40 % à accéder au secondaire, contre 49 % en 1992 (Koech, 2000). Ces résultats médiocres sont généralement imputés au système 8-4-4. Les programmes sont en effet très lourds, avec 13 matières dans le primaire et 32 dans le secondaire. La survalorisation de l'examen de fin d'études primaires, le KCPE (*Kenya Certificate of Primary Education*) qui détermine l'accès à l'éducation secondaire [3] a des effets négatifs sur les derniers niveaux de primaire qui se transforment en classes de bachotage.

Mais cette crise est également porteuse de recompositions dont l'une des caractéristiques majeures est l'essor de l'enseignement privé. Alors qu'une part de la population se trouve pour la première fois exclue du système national d'enseignement, les écoles privées permettent aux plus riches de garantir à leurs enfants une éducation de qualité. En 1990, le Kenya comptait 290 écoles primaires privées, principalement situées en milieu urbain. Aujourd'hui, leur nombre a décuplé et on les trouve partout. Or, avec 1 % seulement des élèves, les candidats de ces écoles ont pris les dix meilleures places et la moitié des cinquante premières au KCPE de 1996 ; cinq ans plus tard, en 2001, parmi les 30 écoles ayant obtenu les meilleurs scores au KCPE, 27 étaient privées, la première école publique arrivant seulement en quatrième position. Le succès de ces écoles est révélateur de la faillite d'un système public d'enseignement à bout de souffle. Officiellement, le gouvernement s'émeut de la situation et promet de garantir sa

2. Ksh : shilling kenyan.

3. Les meilleurs élèves intègrent les écoles secondaires nationales mieux équipées et plus performantes, tandis que les autres sont envoyés dans les écoles de district moins bien pourvues.

politique égalitaire d'éducation avec des quotas limitant l'accès des élèves du privé aux lycées nationaux les plus performants. Mais les appels répétés aux investissements privés dans le domaine scolaire et les promesses de mesures fiscales avantageuses pour ces entrepreneurs soulignent combien l'enseignement privé fait désormais partie intégrante des stratégies de développement de l'éducation. De telles évolutions comportent le risque de voir émerger un système d'éducation à deux vitesses qui renforcerait les inégalités sociales et fragiliserait l'unité nationale qui reposait en partie sur ce consensus scolaire.

Les évolutions récentes de l'enseignement supérieur permettent d'apprécier les enjeux de ces processus de privatisation de l'éducation. L'introduction, en 1991, du principe du *cost sharing with beneficiaries* dans les lycées et les universités, a radicalement modifié le statut des étudiants qui ont dû, pour la première fois, acquitter des frais de scolarité. Par ailleurs, la création de la *Commission for Higher Education* (CHE) chargée d'habiliter les universités privées a encouragé leur développement dans tout le pays. Le Kenya compte aujourd'hui 7 universités publiques et 21 universités privées (dont 8 sont totalement autonomes et délivrent leurs propres - diplômes) ; elles accueillent 17 % des 118 239 étudiants kenyans (Unesco, 2008). Le succès sans précédent des universités privées s'explique en partie par la saturation de leurs homologues publiques : moins de la moitié des lauréats du certificat d'études secondaires (le KCSE : *Kenya Certificate of Secondary Education*) sont admis dans les universités publiques [4].

Pour pallier ces difficultés et générer de nouveaux revenus, les universités publiques offrent, depuis 2000, des formations parallèles payantes. Ces filières connaissent un très vif succès puisqu'elles représentent environ 40 % des effectifs des universités. Ce mouvement de privatisation de l'enseignement supérieur modifie radicalement le rapport aux savoirs. Les universités s'adaptent en effet aux besoins et aux demandes de l'étudiant-client. Dans ce nouveau contexte, l'éducation tend à devenir un investissement individuel et non plus collectif.

Au total, les années 1980-2000 représentent une rupture majeure dans l'histoire de la scolarisation du Kenya. Au-delà de la crise elle-même qui se traduit par des phénomènes inédits de déscolarisation, la synergie entre l'État et les communautés locales, sur laquelle avait reposé l'essor de la scolarisation depuis l'indépendance, est rompue. L'école risque alors d'aggraver les inégalités sociales avec le développement d'un secteur privé d'éducation attractif. La frustration face à un système scolaire qui ne remplit plus son rôle de régulateur social tend à s'exprimer à travers des formes inédites de violences scolaires (viols collectifs, incendies criminels, etc.) (Charton, 2003).

Le Kenya en marche vers la scolarisation universelle

L'histoire politique du Kenya connaît un tournant significatif en 2002 avec l'accès au pouvoir d'un président, issu de la coalition d'opposition (*National Rainbow Coalition*-NaRC), incarnant une véritable volonté de changement et de rupture. Confirmant sa promesse électorale, le nouveau président, Mwai Kibaki, instaure la gratuité de l'éducation primaire dès la rentrée 2003. La décision d'étendre la gratuité

4. Le système universitaire est résidentiel et le nombre de places de chaque université dépend de son nombre de lits.

de l'éducation au niveau secondaire en 2008 s'inscrit dans une même logique électorale. Ces mesures, qui interviennent après quinze années de marasme et de crise, sont accueillies avec un très grand enthousiasme. La concertation et l'aide internationale jouent un rôle décisif dans la mise en œuvre de ces programmes qui s'inscrivent dans la stratégie globale de réduction de la pauvreté. Il s'agit notamment de rendre l'école accessible aux enfants des rues et aux enfants issus des familles les plus pauvres, dont le nombre est estimé à trois millions et demi.

Les écoles ouvrent leurs portes dans une certaine confusion en janvier 2003 avec un million d'élèves supplémentaires et 500 000 de plus à la fin du mois de janvier. Le coût direct de l'éducation gratuite est estimé à 62 millions de dollars US, auxquels s'ajoutent 100 millions de dollars pour employer cinquante mille enseignants (il en manquait déjà vingt mille avant 2003). Le gouvernement a débloqué 69,5 millions de dollars US. Pour le reste, les parents continuent à financer la construction et l'entretien des bâtiments scolaires, mais le gouvernement compte surtout sur l'aide de la communauté internationale. La stratégie sectorielle d'éducation (*Kenya Education Sector Support Programme* [KESSP]), qui doit permettre au Kenya d'atteindre les Objectifs du millénaire et notamment de pérenniser l'éducation universelle, est adoptée en juin 2005 par les bailleurs. Le Kenya est également bénéficiaire de l'initiative *Fast Track* qui appuie la mise en œuvre de la stratégie sectorielle pour un montant total de 73 millions de dollars US.

L'initiative du gouvernement en faveur de l'éducation primaire universelle s'inscrit dans une dynamique globale qui dépasse les seuls enjeux nationaux. D'après les enquêtes de l'Unesco, le premier bilan est plutôt positif. En 2007, les écoles primaires formelles accueillaient 8,1 millions d'enfants contre 6 millions en 2002, soit un taux net de scolarisation de 91,6 %. Le programme d'éducation universelle a permis de ramener vers l'école des jeunes qui avaient dépassé l'âge scolaire [5]. Les taux d'achèvement se sont également améliorés, passant de 58 % à 76,8 % entre 2003 et 2007 (Unesco, 2008). Le ratio moyen enseignant/élève qui était de 1 pour 50 en 2003 est retombé à 1 pour 44 en 2005. La scolarisation universelle a cependant du mal à atteindre les « poches de pauvreté » que constituent les bidonvilles et les zones arides et semi-arides du pays, où plus d'un million d'enfants ne sont pas scolarisés. La stratégie sectorielle prévoit d'aider ces régions à travers un programme d'investissement destiné à quatre mille écoles à hauteur de 100 000 à 200 000 Ksh (1 250 à 2 500 dollars US) par an pendant cinq ans.

Un certain nombre de malentendus et de flottements subsistent cependant entre les différents partenaires de l'éducation (État central et décentralisé, parents, communautés et enseignants) sur le contenu exact du programme et les responsabilités de chacun dans sa mise en œuvre. La gratuité n'est pas totale : les communautés continuent de contribuer au développement et à l'entretien des infrastructures scolaires et les parents participent indirectement à l'éducation de leurs enfants (repas, activités, uniformes, fournitures). Ces diverses contributions sont un frein à la généralisation de l'éducation, notamment au niveau secondaire.

5. 44 % des élèves ne seraient pas scolarisés dans la classe correspondant à leur âge (Unesco, 2005).

Le ministère estime, en effet, que 30 % des abandons scolaires sont directement liés au coût de l'éducation. La décision prise par le gouvernement, en janvier 2008, de prendre en charge les frais de scolarité des élèves du secondaire à hauteur de 10 000 Ksh (soit 130 dollars US) devrait permettre d'améliorer les taux de transition entre les deux cycles qui doivent être portée à 70 % (ils étaient de 47 % en 2002). Les frais de pension restent cependant à la charge des familles, ce qui représente un coût important car la plupart des lycéens sont scolarisés dans des internats. Pour pallier ces difficultés, le gouvernement s'est engagé à développer les externats ; les élèves les plus nécessiteux bénéficient de bourses d'études confiées aux *Constituency Development Funds*. Ces mesures en faveur de l'enseignement secondaire constituent une avancée significative en faveur de la scolarisation universelle, et répondent notamment à la proposition formulée en 2004 par 66 représentants d'ONG, d'universités et de syndicats dans un texte intitulé *Enhancing transition in education for primary school leavers in Kenya*.

Si la « gratuité » de l'enseignement secondaire a été annoncée dès le mois de juillet 2007 par le président et candidat Kibaki, sa mise en œuvre est intervenue au plus fort de la poussée de violence qui a suivi les résultats des élections présidentielles de décembre 2007. Au-delà de ses effets directs sur la scolarisation (destructions d'écoles, déplacements de populations, etc.), la crise a freiné la croissance économique qui avait favorisé les engagements pris en faveur de la scolarisation universelle primaire et secondaire. En 2007, le Kenya avait atteint un taux de croissance de 7 %. Or la crise de 2008 a rompu l'équilibre qui reposait précisément sur la confiance accordée à l'équipe dirigeante.

Malgré les incertitudes qui pèsent sur l'avenir politique du pays, le Kenya semble bien engagé sur la voie de l'éducation universelle. Celle-ci reste, en effet, un idéal politique absolu, comme en témoigne le calendrier des initiatives prises en ce sens qui ont scandé la vie politique du pays. Mais il s'agit aujourd'hui d'un objectif global, relevant d'un agenda international orchestré par l'État et dont les populations ne sont plus les acteurs principaux. La fragmentation du paysage scolaire amorcée depuis les années 1980 donne un tout autre sens à la scolarisation universelle. L'objectif à atteindre est avant tout quantitatif : 100 %. Le principe idéal d'une école universelle comme lieu central de la construction nationale, qui avait soustendu les efforts précoces déployés par le Kenya en faveur de la scolarisation universelle, est relégué au second plan.

Hélène Charton

RÉFÉRENCES

ABREU E. (1982) : *The role of Self help in the development of Education in Kenya: 1900-1973*, Kenya Literature Bureau, Nairobi.

BOGONKO S.N. (1992) : *A history of modern education in Kenya (1895-1991)*, Nairobi, Evans brothers, Kenya.

CHARTON H. (2003) : « La débâcle éducative du Kenya ; éléments d'analyse historique » in *Cahiers d'études africaines*, XLIII, 169-170, 2003, pp. 189-208.

ESHIWANI G. S. (1993) : Education in Kenya since Independence, East African Education Publishers, Nairobi.

KOECH D.K. (2000) : *Totally integrated quality education and training TIQUET*, Report of the Commission of Inquiry into the Education system of Kenya, Nairobi, Government printer.

UNESCO (2005) : *Implementing free primary education in Kenya*, assessment report, Nairobi, March.

UNESCO (2008) : *Factbook for Unesco national education support strategies*, Kenya.

Les auteurs

Robin Alexander, professeur des universités à l'Université de Cambridge, est un spécialiste internationalement reconnu de l'enseignement primaire. Outre son influence universitaire, il a été très actif tout au long de sa carrière comme membre ou conseiller auprès des grands organes de pilotage du système éducatif britannique. Il dirige actuellement *The Cambridge Primary Review* (www.primaryreview.org.uk), la plus importante enquête sur l'enseignement primaire en Angleterre depuis 1967, dont le rapport final sera publié en 2009. Il a près de 200 publications à son actif, dont *Culture and Pedagogy: international comparisons in primary education* (Oxford et Boston: Blackwell, 2001) qui a reçu le prestigieux prix de l'*American Educational Research Association* en 2002.

Anne-Marie Bardi est inspectrice générale (H) de l'éducation nationale. Ancienne élève de l'Ecole normale supérieure de Fontenay-aux Roses, agrégée de mathématiques, elle a été professeur puis Inspectrice d'académie-Inspectrice pédagogique régionale de mathématiques. Dès le début de l'informatique scolaire dans les années 70, puis dans ses différentes fonctions, elle s'est impliquée dans le développement de l'usage des technologies de l'information et de la communication dans l'enseignement en France et à l'étranger. Elle est membre du comité de rédaction de la *Revue internationale d'éducation de Sèvres.*

Cécile de Bouttemont est documentaliste au centre de ressources documentaires du CIEP.

Rui Canário dirige l'Unité de recherche et de développement en sciences de l'éducation de l'Université de Lisbonne, Portugal. Son enseignement et ses recherches portent sur la sociologie de l'éducation et de la formation des adultes. Il dirige depuis quatre ans un projet de recherche, financé par la FCT (Fondation pour la science et la technologie), sur les « politiques et pratiques de formation des adultes au Portugal depuis 1974 ». Il dirige également un projet de recherche luso-brésilien sur les « politiques de formation concernant les jeunes et adultes peu scolarisés au Portugal et au Brésil », étude comparative basée sur un réseau qui regroupe des chercheurs de l'Université de Lisbonne et de plusieurs universités du Brésil. Il est membre du comité scientifique de plusieurs revues internationales.

Hélène Charton est chargée de recherche au CNRS actuellement affectée au Centre d'études de l'Afrique noire de l'Institut d'études politiques de Bordeaux. Ses travaux de recherche portent sur l'éducation en Afrique selon une double approche socio-historique (histoire de l'éducation) et politique (politiques publiques d'éducation). Elle a principalement travaillé sur le Kenya le Cameroun.

Sophie Condat est documentaliste au centre de ressources documentaires du CIEP.

Martin Cortazzi est professeur des universités à l'Université de Warwick en linguistique, et professeur honoraire de diverses universités chinoises. Suivant une formation de linguiste, il a été formateur d'enseignants, intervenant en Grande-Bretagne, en Chine et dans de nombreux autres pays pour la formation d'enseignants depuis l'école maternelle jusqu'à l'enseignement supérieur, notamment dans le domaine de l'anglais comme langue étrangère. Ses travaux de recherche actuels portent sur les dimensions culturelles du langage dans l'usage courant et dans l'apprentissage scolaire.

Jean-Marie De Ketele est professeur émérite à l'Université Catholique de Louvain, Belgique, et titulaire de la Chaire UNESCO en sciences de l'éducation (UCAD-ENS Dakar). Il dirige les collections « Pédagogies en Développement » et « Guides pratiques, former et se former » aux éditions De Boeck et est membres de nombreux comités scientifiques. Ses travaux portent surtout sur les problématiques de la conception et de l'évaluation des curricula, sur les déterminants de la performance académique et sur les méthodologies de la recherche dans ces domaines. Il a conduit des expertises dans de nombreux systèmes éducatifs. Il est membre du comité scientifique de plusieurs revues internationales.

Julian Elliott est professeur des universités et directeur de la recherche au département d'éducation de l'Université de Durham. Il est psychologue de formation et rédacteur en chef adjoint du *British Journal of Educational Psychology*. Ses travaux d'enseignement et de recherche portent sur l'apprentissage, la motivation des élèves et les théories éducatives, et l'amènent à collaborer avec des collègues en Europe, aux États-Unis, en Asie et en Australie.

Pierre-Louis Gauthier, inspecteur d'académie (H), a été professeur d'histoire-géographie, inspecteur de l'éducation nationale, directeur d'école normale, directeur adjoint d'IUFM. Il est expert près la Commission européenne et membre du comité de rédaction de la *Revue internationale d'éducation de Sèvres* depuis 1994.

Lixian Jin est maître de conférences en linguistique à l'Université De Monfort (Leicester, GB) et professeur invité dans trois universités chinoises. Ses travaux de recherche portent essentiellement sur la dimension culturelle de l'éducation. Elle s'intéresse en particulier aux cultures d'enseignement et d'apprentissage, à la communication interculturelle et interprofessionnelle et à l'éducation bilingue. Elle est membre du comité de rédaction de la revue *Asian Journal of English Language Teaching*.

Tatiana Kastouéva-Jean est diplômée de l'Ecole normale supérieure d'Ekaterinbourg, de Sciences-Po/ Mgimo (master franco-russe de relations internationales) et de l'université de Marne-la-Vallée (DEA en relations internationales). Chercheur à l'Institut français des relations internationales (IFRI), elle travaille sur l'enseignement supérieur, le potentiel technologique et le système national d'innovation en Russie.

Tristan Lecoq est professeur des universités associé à l'Université de Paris IV Sorbonne, où il enseigne l'histoire contemporaine. Inspecteur général de l'éducation nationale, il est directeur du CIEP.

Teresa Longo est maître de conférences à l'Université de Picardie Jules-Verne, et membre du Centre universitaire de recherche en sciences de l'éducation et psychologie (CURSEP) depuis octobre 2000 (Politiques d'éducation et de formation et leur impact). Ses activités de recherche ont comme principal objet les politiques éducatives dans le contexte international contemporain. Elle a notamment travaillé sur l'impact des politiques néolibérales sur le droit de l'éducation, sur la culture scolaire, et sur les enseignants en Amérique latine (en particulier au Chili).

Elizabeth McNess est maître de conférences en éducation à l'Université de Bristol et co-directrice du laboratoire d'études internationales et comparatives en éducation. Ses recherches portent sur le travail enseignant, les représentations de l'École qu'ont les élèves et la méthodologie comparative qualitative, et elle est spécialiste du système scolaire danois. Elle a été Secrétaire de l'Association britannique pour l'éducation internationale et comparative (BAICE). Elle a participé à divers projets de recherche financés par l'*Economic and Social Research Council* (ESRC).

Marilyn Osborn est professeur des universités à l'Université de Bristol, où elle a été directrice de la recherche et directrice du laboratoire d'études internationales et comparatives en éducation. C'est une spécialiste internationalement reconnue de l'éducation comparée, de l'identité professionnelle des enseignants et du rapport des élèves à l'apprentissage. Elle a mené une série de projets internationaux financés par l'*Economic and Social Research Council* (ESRC) conduisant à de nombreuses publications. Elle fait actuellement partie du Réseau européen d'experts en sciences sociales de l'éducation et de la formation (NESSE), et siège au comité scientifique de plusieurs revues internationales.

Claire Planel propose un regard original sur l'École à partir de son expérience personnelle comme citoyenne française et britannique, de son expérience professionnelle comme enseignante et intervenante spécialisée auprès des minorités ethniques, et de son expérience comme chercheuse en éducation comparée. Elle a participé à une série de recherches internationales financées par l'ESRC sur les représentations des enseignants et des élèves en France, en Angleterre et au Danemark.

Maroussia Raveaud, maître de conférences à l'Université du Maine, Le Mans (France), est membre associé à l'Observatoire sociologique du changement (OSC) – CNRS/Sciences-Po, et *visiting fellow* à l'Université de Bristol (Angleterre). Ses recherches portent sur la socialisation et la citoyenneté à l'école, privilégiant l'entrée comparative et les approches ethnographiques. Elle est membre du comité de rédaction de la *Revue internationale d'éducation de Sèvres*.

Thierry Roche est maître de conférences à l'université de Picardie Jules Verne où il est responsable du master Culture et patrimoine. Spécialiste d'anthropologie visuelle, membre de H-PIPS, il travaille sur la mémoire des lieux et le paysage, le cinéma amérindien, l'anthropologie visuelle et l'éducation comparée, le cinéma documentaire.

REVUE INTERNATIONALE D'ÉDUCATION – SÈVRES

1 *Approches comparatives en éducation,* **mars 1994**

3 *Les langues régionales et l'Europe,* **septembre 1994**

7 *Enseignements bilingues,* **septembre 1995**

9 *Des langues vivantes à l'école,* **mars 1996**

10 *L'école en milieu rural,* **juin 1996**

11 *L'évaluation des élèves,* **septembre 1996**

12 *Programmes et politiques éducatives,* **décembre 1996**

13 *Ruptures politiques, enseignement de l'histoire,* **mars 1997**

14 *L'éducation scientifique,* **juin 1997**

15 *Les grands débats éducatifs aujourd'hui,* **septembre 1997**

16 *La formation tout au long de la vie,* **décembre 1997**

17 *Enseigner la diversité culturelle,* **mars 1998**

18 *Les technologies nouvelles,* **juin 1998**

19 *Langue maternelle, langue d'enseignement,* **septembre 1998**

20 *La formation des enseignants. I – Des approches constrastées,* **décembre 1998**

21 *La formation des enseignants. II – Des problématiques convergentes,* **mars 1999**

22 *Dimension économique des politiques éducatives,* **juin 1999**

23 *La formation ouverte et à distance,* **septembre 1999**

24 *Le droit à l'éducation : vers de nouveaux contenus pour le XXIe siècle, tome 1,* **décembre 1999**

25 *Le droit à l'éducation : vers de nouveaux contenus pour le XXIe siècle, tome 2,* **mars 2000**

26 *L'évaluation des systèmes éducatifs aujourd'hui,* **juin 2000**

27 *Les grands débats éducatifs aujourd'hui – Afrique, Amérique, Asie,* **octobre 2000**

28 *Les grands débats éducatifs aujourd'hui – Europe,* **décembre 2000**

29 *L'élève aujourd'hui : façons d'apprendre*

30 *Le métier d'enseignant en Europe,* **juin 2002**

31 *Les parents et l'école*

32 *Le processus de décision dans les systèmes éducatifs*

33 *L'enseignement des langues vivantes à l'étranger: enjeux et stratégies,* **septembre 2003**

34 *La formation professionnelle initiale: une question de société,* **décembre 2003**

35 *Décrochages et raccrochages scolaires,* **avril 2004**

36 *École et religion,* **juillet 2004**

37 *Diplômes et examens de l'enseignement secondaire,* **décembre 2004**

38 *Les défis de l'orientation dans le monde,* **avril 2005**

39 *La formation des élites,* **septembre 2005**

40 *L'éducation dans le monde,* **décembre 2005**

41 *École primaire, école de base,* **avril 2006**

42 *L'éducation artistique,* **septembre 2006**

43 *Que savent les élèves,* **décembre 2006**

44 *L'élève, futur citoyen,* **avril 2007**

45 *L'enseignement supérieur, une compétition mondiale?,* **septembre 2007**

46 *L'émergence d'une autre école,* **décembre 2007**

47 *Enseigner les langues: un défi pour l'Europe,* **avril 2008**

48 *L'École et son contrôle,* **septembre 2008**

49 *Quel avenir pour les études en sciences humaines?* **décembre 2008**

50 *En classe: pratiques pédagogiques et valeurs culturelles,* **avril 2009**

À paraître en 2009

51 *Le renouveau de l'enseignement des sciences (***septembre***)*

52 *Un seul monde, une seule école? Modèles scolaires, mondialisation et diversité (***décembre***)*

Conditions de soumission des articles

La *Revue internationale d'éducation de Sèvres* construit ses numéros sur la base des sollicitations qu'elle adresse aux auteurs.

Elle publie également certains articles qui lui sont soumis, après avis du comité de rédaction. Les textes proposés à la revue sont adressés à la rédaction au plus tard six mois avant la publication de chaque numéro à l'adresse suivante : revue@ciep.fr

Les articles soumis dans le cadre du dossier ne peuvent excéder 25 000 signes. Ils sont accompagnés d'un résumé. Références bibliographiques (10 maximum), graphiques et tableaux sont limités au strict nécessaire. Ces articles proposent nécessairement une analyse comparative ou une étude dans un pays donné du thème traité par le dossier.

D'autres articles peuvent être proposés dans le cadre des autres rubriques : « Points sur l'actualité en éducation » (6 000 signes), « Notes de lecture » (6 000 signes), ou « Repères » (présentation de l'organisation de systèmes éducatifs étrangers, 18 000 signes).

Les articles peuvent être soumis en français, anglais, allemand, espagnol, italien.

Les articles n'engagent que la responsabilité de leurs auteurs.

Résumés et sommaires des numéros déjà parus sur le site **www.ciep.fr**

Bon de commande

REVUE INTERNATIONALE D'ÉDUCATION DE SEVRES

- **NUMÉROS 29 ET SUIVANTS :** merci d'utiliser le bon de commande ci-dessous, valable jusqu'au 31/12/2009, et de le retourner accompagné de votre règlement **à l'ordre des Éditions Didier,** 13, rue de l'Odéon, 75006 Paris. Tél. : + (33 1) 44 41 31 07 – Fax : + (33 1) 44 41 31 48
- **NUMÉROS 1 À 28 : à commander directement au CIEP – 1, avenue Léon-Journault, 92318 Sèvres cedex.** Prix : 9,15 € par numéro (hors frais d'envoi). Bon de commande sur le site : www.ciep.fr/ries

M. Mme...

....

Qualité/profession...

Établissement...

....

Adresse n° rue (mention obligatoire)...

....

Code postal |__|__|__|__|__|...

Pays...

N° de téléphone (obligatoire) si envoi à votre adresse personnelle en France : |_|_|_|_|_|_|_|_|_|_|

ABONNEMENT 2009	références	quantité	montant	sous-total
Abonnement aux 3 numéros 2009 FRANCE offre n° D09FO01 frais de port France / abonnement			41,70 € 9,60 €	
Abonnement aux 3 numéros 2009 ÉTRANGER offre n° D09FO02 frais de port Étranger / abonnement			41,70 € 21,90 €	

VENTES AU NUMÉRO (offre n° D09FO03)	références	quantité	montant	sous-total
2009				
n° 50 : En classe : pratiques pédagogiques et valeurs... *(avril)*	47 6601 0		13,90 €	
n° 51 : Le renouveau de l'enseignement des sciences *(sept.)*	47 6602 8		13,90 €	
n° 52 : Un seul monde, une seule école ? ... *(déc.)*	47 6603 6		13,90 €	
2008				
n° 47 : Enseigner les langues : un défi pour l'Europe	47 4803 4		13,90 €	
n° 48 : L'école et son contrôle	47 4804 2		13,90 €	
n° 49 : Quel avenir pour les études en sciences humaines ?	47 4805 9		13,90 €	

Autres numéros : indiquer le numéro et le titre	références	quantité	montant	sous-total
n°			13,90 €	
n°			13,90 €	
n°			13,90 €	
n°			13,90 €	
n°			13,90 €	

FRAIS D'ENVOI			
France et DOM-TOM par numéro : 3,20 €	Quantité totale à envoyer	× 3,20 €	
OU à l'étranger par numéro : 7,30 €	Quantité totale à envoyer	× 7,30 €	

TOTAL

Règlement joint par :

☐ chèque ☐ carte bancaire

☐ bon administratif pour paiement par l'établissement à réception de facture

n° |_|_|_|_||_|_|_|_||_|_|_|_||_|_|_|_| date de validité |_|_||_|_|

le .... signature :

Cachet de l'organisme payeur :

Conformément à la loi « informatique et libertés » du 6 janvier 1978, et en vous adressant à la revue, vous bénéficiez d'un droit d'accès, de rectification et de suppression pour les informations qui vous concernent.

Le café pédagogique

www.cafepedagogique.net

Créé et animé par une communauté d'enseignants

Toute l'actualité pédagogique en libre accès sur internet

Celle des enseignants

Pratiques pédagogiques • Recherche en éducation • Vie professionnelle • Carrière

Celle des parents

Orientation • Les parents à l'école • Aider son enfant

Celle des élèves

Orientation • Préparer le bac et le brevet • Accompagnement éducatif

Avec L'Expresso, *le flash quotidien, soyez le premier informé !*

Avec Le Café mensuel, *retrouvez le point sur l'actualité de l'école, les ressources pédagogiques pour toutes les disciplines du primaire et du secondaire.*

Avec Le Dossier mensuel, *réfléchissez aux enjeux de l'école (dernier dossier : « L'orientation en fin de 3e »)*

Avec Le Café francilien, *découvrez l'action régionale au quotidien dans les classes.*

Rejoignez les 200 000 abonnés et les 800 000 visiteurs mensuels

http://www.cafepedagogique.net

Dépôt légal : avril 2009

Photos en couverture :
copyrights Jean Noguet/CIEP et Sébastien Toubon/Q.P.

© CIEP 2009

Conception
Polymago

Mise en page et impression
bialec, nancy (France)
Dépôt légal n° 71058 - avril 2009